できる子は
「机に向かう前」に
何をしているか

たった5分の「前準備」で子どもの学力はぐんぐん伸びる！

元「浜学園」算数講師
受験Ｌａｂ代表
州崎真弘

青春出版社

はじめに

たった5分の準備で変わります！

「うちの子は頑張って勉強しているのに、成績が伸びない」
「〝宿題は？〟と何度言っても、宿題になかなか取りかからない。何も言わなくても自分から勉強してくれたら……」
「いつもダラダラ勉強していて、ちっとも集中してやらない。どうしたら集中して取り組めるようになるんだろう」
「成績や学習態度を巡って子どもと衝突し、すぐに親子バトルが始まってしまう」

本書は、そんな悩みを抱えているお母さん、お父さんに、**〝ちょっとした準備〟をするだけで、子どもの学習効果が劇的にアップ（学力向上）する**ことを提案した本です。

準備といっても、たった5分程度でできることばかり。それが、今までの効率の悪い勉強のやり方を変え、学力をラクに、そして加速度的に伸ばすことが可能なのです。

私は灘中合格者数日本一の実績を誇る「浜学園」をはじめとする中学受験塾の算数

講師として、20年間で2800人を超える子どもたちを指導してきました。

そんな中で気づいたのは、**「できる子は、学習に臨む〝前〟の姿勢や環境が違う」**ということです。

詳しくは本文で説明しますが、勉強する姿勢や環境を整える指導をすると、まず、子どもたちのやる気や集中力が変わります。そして、自分から積極的に勉強しだし、成績が面白いように伸びていく例をたくさん経験したのです。

この本では、中でもとくに5分で実践できる方法を厳選して紹介しました。

- 授業5分前のウォーミングアップで、授業を効率よく集中して聴くことができる（36ページ）
- 机のまわりの「不要なものを捨てる」と、やるべきことに集中できる（90ページ）
- 買い物をするついでの「5分間暗算」で計算が得意になる（151ページ）
- 文章を「5分でまとめる（口頭要約）」練習で、読解力がみるみる身につく（190ページ）

●寝る前5分の「勉強日記」が〝復習〟に値する（164ページ）

……などなど。

実践してみると、きっと「えっ、こんな簡単なことで子どもは変わるの？」とお子さんの変化に驚かれるに違いありません。

本書で紹介する効率的な学習法を通じて、一人でも多くの親子が「頑張っても結果が出ない、しんどい勉強スタイル」から解放され、子どもたちが目を輝かせながら自ら学び、成長していくお手伝いができれば、著者としてこんなに嬉しいことはありません。

受験Lab代表　州崎真弘

目次

第1章 机に向かう前の「5分」が学習効率を高める

できる子は、どんな事前準備をしているか？

親編

第2章 子どもが勉強したくなる「環境」のつくり方
成績が伸びる子の〝親〟と〝勉強道具〟はここが違った

道具編

第3章 苦手な科目ほど伸びる「5分間準備」メソッド
今日から家庭でできること

科目別編

第4章

小学校入学前から低学年までに家庭で準備できること

集中力、想像力、時間管理力…将来の学力のための下地づくり

カバーイラスト　山下以登
本文デザイン・DTP　岡崎理恵
企画協力　松尾昭仁　ネクストサービス株式会社

序章

学力の伸び方は「準備」で決まる

9割の小学生に、
しんどい“復習”は逆効果！

1

勝負は「準備」で決まる

準備運動（ストレッチ）もせずに、42・195㎞のフルマラソンを走ったらどうなると思いますか？

まず、体に何らかのダメージを負うはずです。

肉離れを起こしたり、捻挫《ねんざ》したり、関節を痛めて転倒したりして大きな事故になるかもしれませんね。予想通り、しっかりケガをしたんです。

実はこれ、私自身が初めてマラソン大会に出たときの話です。

レース経験のない私はさほど練習もせず、ランニングの延長のような感覚で出場したんです。

無事に時間内に完走はできたものの、足に相当なダメージを負い、結果病院通いの日々を送ることに。幸い今は時々レースに参加できるくらいにまでなりましたが、すべてはあらゆる準備を怠ったことから始まったのです。

何事も「準備」をしていれば、スムーズに事が進んだり、よけいな無駄もなくなるでしょう。言い換えれば、「準備」をしていればそうならないですむ、あるいは、もっと結果がいい方にいく可能性が大きいわけです。

なぜ、一流の選手は「準備」を大切にするのか

それは勉強も例外ではありません。

ですが、なぜ勉強には「準備、準備」とあまり言われないのでしょうか？

子どもに準備をさせるというと、持ち物をそろえるとか、時間割に合わせて教科書やノートをカバンに入れるなど、「学校に行く準備」のことを思い浮かべませんか。

これも確かに準備ですが、本書で伝授する、学力アップに絶大な効果のある「勉強の準備」とは違います。

サッカー日本代表の中心選手の本田圭佑選手も、

「勝負を決めるのは準備。なかでも気持ちの準備以上のものはないと思う」

という主旨のことを言っています。

準備という言葉は、本田選手以外にも多くのスポーツ選手がインタビューでよく口にしています。

43歳になってもアメリカのメジャーリーグで超一流のプレーを続けているイチロー選手も、以前、

「自分にとって一番大切なことは、試合前に完璧な準備をすることです」

と言っていました。

どの選手よりも入念に準備をして、試合に臨むという話は有名です。偉業や好成績を生んだ要因の一つに、こうした日々の準備があるのだと言えるでしょう。

同様に、子どもの勉強も、結果を出したいなら、それ相応の準備があってもいいはず。しかし、勉強になれば焦ってそのことを忘れたり、おろそかになってしまう。さらに、受験になればなおさら。だから、みな必要以上に遠回りをしたり、無駄な時間と労力を浪費し、疲弊してしまう……。そんな親子を講師の私はこれまでたくさん見てきました。

挙げ句に「この子は失敗した」という言葉さえ耳にしたりします。ただあわてるがあまりに、ルートが違っただけです。

どうぞ、お子さんのことを「失敗した」なんて言わないでください。

そもそも勉強は小さな失敗の連続、トライ&エラー（試行錯誤）を繰り返し、小さな失敗を積み重ねることによって、学習能力が培われていくものです。

〝できそうでできない〟ことが子どものやる気を引き出し、学びの面白さを感じていく。そのきっかけを与えられるような「準備」が、その子を伸ばす鍵となります。

私の初マラソンの話も、別にマラソンをなめていたわけではなく、準備運動がどれほど重要かということを深く考えていなかったのです。

つまり、しなかったのではなく、知らなかった。

ある程度の予備知識があるのとないのとでは、結果は大きく違ってきます。それは何事にも通じる話だと思います。

もし、お子さんの勉強にもその準備ができるようになれば、自ずと自分自身に必要な予備知識を取り入れ、〝必要な失敗〟からより多くのことを学ぶことができ、人生が驚くほど変わるはずです。

では、具体的にどんな準備が必要になるのか——私が「学力の伸び方は『準備』で決まる！」という理由と効果を存分にお話ししましょう。

2 勉強の準備＝「予習」ではない

勉強の準備というと、

「それって予習じゃないの？」

という声が聞こえてきそうですが、まったく違います。

一般に、「予習」とは、学校や塾の授業で新しく学習する前に、あらかじめ時間をかけて学習しておくこと。いわゆる〝先取り学習〟です。

「先取り学習はまったく意味がない」とは言いませんが、**大多数の子どもには成果が**

出ておらず、効果が低いどころか、子どもによっては逆効果だと思います。

〝先取り学習〟は勉強好きな子にしか有利にならない

勉強の先取りをさせて、「あとあとラクにしてあげたい」という親の気持ちはわかりますが、未習のものを一から自分で学習していくことがいかに大変か……。

もちろん、その子にとって、すごく好きで興味があることなら問題なく自学自習に耐えることができます。

しかし、そもそも多くの子どもにとって勉強とは大変でイヤなもの。その大変でイヤなものに子ども自身が自ら進んで取り組めるのなら、世のお母さん、お父さんたちは苦労しないのではないでしょうか。

時期が来れば自然に学習できる内容を、どうして時間と労力をかけて前倒しでやる必要があるのでしょう。

なかには、小学校入学前や低学年から塾などで〝先取り学習〟をさせられる子もいますが、ただ人より少し早く学習していくことにほかなりません。また、それはほとんどの場合、詰め込みです。

ただし、習っていないことを「予習」するのではなく、「既習内容の演習形式の授業に臨む前に、自分で問題に当たっておくこと」これは、私が言う「準備」に当たります。

問題演習の授業は、事前に問題を解き、既習内容を理解しているか、また使いこなすことができるのかを確認し、修正しておいてこそ効果を発揮する学習スタイルです。流行《はや》りで言うなら、〝先取り学習〟となる「予習」はインプットの前倒し。こうした「準備」はインプットからのアウトプット重視の学習です。

インプットの前倒しをする予習は、退屈でつまらない

インプットもアウトプットもどちらももちろん重要ですが、最終的に学習したことを活かせるようになるためには、アウトプットの方がより大切です。

さらに言えば、アウトプットよりインプットの方が退屈で、面白くない作業の連続ですから、子どもにとっては非常に辛いものです。いや、大人でも大変でしょう。

スポーツに例えるなら、ゲーム（試合）より苦しいトレーニング（練習）ばかりを

いつもさせられる状態です。たとえ負けてもゲームの方が面白いに決まっています。**自分の持っているものを試せる機会があるからこそ、モチベーションが維持できる**のです。

したがって、〝先取り学習〟となる「予習」は、効果が大きく期待できないものと思っておいた方がいいでしょう。

3 言わないと「宿題」をしない――それは〝つまらない反復作業〟だから

では、学校や塾で毎日のように出される宿題は、面白く、楽しい学習なのでしょうか？

もちろん、答えはノーです。

宿題を楽しいと言っている子どもはほとんどいません。そんなものがなければ遊べるし、好きなことに時間が使えるからです。

そもそも宿題は楽しくありません。それは、ただの作業に過ぎないからです。面白いはずがありません。

親目線から見れば、「習ったことを繰り返しやることで知識は定着する」「学んだことを忘れないように、復習するのが大事」と思い、仕方なく子どもに宿題をさせます。お母さんやお父さんたちはまるで、「宿題こそが勉強なんだ」と誤解しているような気がします。


その証拠に、宿題ができない子どもに、つい怒ってしまいませんか。

「なぜ、習ってきたことができないの？」

「しっかり授業を聞いてるの？」

……と、親が恐ろしい剣幕で子どもを責め立てる光景を幾度も見てきました。


一口に宿題と言ってもいろいろありますが、基本的に、出される宿題の多くは反復練習や類似問題のトレーニングです。

これは、インプットの作業を自宅で機械的にさせられているだけ。子どもはわかる、わからない以前に、実につまらないので宿題なんかしたくありません。

学校や塾などで出されている宿題の多くは、面白くて楽しいアウトプットではなく、作業化しているインプットの延長という理解が正解なのです。

「うちの子、全然勉強しなくて……どうすれば勉強するようになりますか?」

という質問をよく受けるのですが、一般的に、子どもに勉強させることは難しいのです。

それは、〝したくないものをさせている〟からにほかならないからです。

勉強したくないのは、決して難しいからとか、しんどいからという理由ではありません。

むしろ、ちょっと難しい方が必死になって取り組んだりするほどです。程よいしんどさこそが、子どもの達成感を誘います。

子どもは大人以上に、興味を持ったことなら自分から積極的に行動を起こします。わからないことでも自分の頭を使ってなんとかしようとします。たとえそれがずる賢い方法であっても、自分でどんどん進んでいくものなのです。

私は子どもに「宿題をさせるな」「勉強させるな」と言いたいわけではありません。

面白くないインプットの延長を無理やりさせるのならば、いっそのこと、させないほうがマシだと言いたいのです。そうでないと、せっかくの子どもの潜在能力を発揮する場を奪い、やる気の芽を潰してしまうことになるからです。

大切なのは、その持っていき方なのです。

親の考えであれこれ決めて突っ走ると、子どもに無理やり〝したくないものをさせている〟という結果になってしまいます。

「宿題したの？」のひと言が、〝勉強＝つまらない〟という意識を強くする

いかがでしょうか。

親がいくら「勉強しなさい」と言っても、子どもの心に響かないばかりか、かえって勉強嫌いになって〝逆効果〟だとわかっているのに、気がつけば口にしていませんか？

「宿題はしたの？」って。

今、この瞬間から、それを言うことをとりあえずやめましょう。

子どもが自ら目標を持って勉強しだすと、その言葉も不要になってきます。

問題は、どうすれば子どもが自発的に勉強する姿勢になるかということです。

まずは子どもが「勉強はつまらないもの」と思っているということを認識し、そのイメージを払拭するのが第一歩と考えてください。

まれに「勉強が好き」なんて言う子もいますが、ほとんどの子どもたちは勉強が嫌いです。学年が進むほどこれは顕著です。全然できないのに「僕、勉強たのしーわー」って言っているような子どもはまずいません。

・・・やらされ続けることによって、「勉強はつまらないもの」と子どもの中にイメージが染みついてしまっている、これが理由の一つです。

つまらないものを強制的に「やれ！」と言われれば、絶対にイヤイヤやりますので、勉強嫌いになっていくのは当たり前なのです。

4 「復習が大事」と何度も反復させるのは逆効果！

世間では「復習が大事」とよく言われています。私もそう思います。

物事をマスターするのに練習やトレーニングは欠かせません。訓練によって身につき、はじめて活かせるのであろうと私も考えます。

しかし、それは必要ではありますが十分ではなく、またやみくもにすることは大きな間違いです。下手な復習によって、できるものもできなくなります。

例を一つ挙げると、**「間違えた問題を解き直し、解き方を覚える」という暗記に走り、深く考えなくなってしまう**ということです。

見たことがあるものや知っている問題はできる（解ける）が、そうでない問題は解けない。知らないので、考えようとしなくなるのです。思考停止し、鉛筆を持ったまま、じーっと動かない状態です。

これは、先に述べた「作業化しているインプット」の弊害と考えられます。

世に言う復習は、習ってきたことをひたすら暗記、反復練習することだと思われています。

つまり、作業化している宿題とまったく同じです。復習に大人が強制力を与えたものが宿題といえるでしょう。

「復習してくるように！」と言っても、多くの子どもは自発的にはしません。したがって、宿題が慣例となっているのです。

復習型の勉強で成績が上がる子は「復習の辛さに耐えられる子」に限られる

残念なことに、教育の現場でも、こうした復習主義が当たり前のようになっています。指導者側、とくに多くの受験指導者は目先の結果を出すことに必死なため、手っ取り早い勉強スタイルから脱却できずにいるのが現状です。

塾で授業を受け、その授業内容に関する宿題が与えられる――宿題で復習をするスタイルは、実は指導側にとってラクなスタイルなのです。そして保護者、とりわけお母さんたちは、「学校や塾で出された宿題は絶対だから」という固定観念がありますから、口グセのように「宿題、宿題」と言ってしまうことになります。

暗記、反復練習の効果は否定しません。情報処理能力のスピードを上げることは大切で欠かせないものです。しかし、多くの子どもにとっては、**復習型の勉強（宿題）＝重労働**になっているという事実に気づいてほしいのです。

よって、**復習で成績が上がる子は、「復習の辛さに耐えられる子」に限定される**といえるでしょう。

塾や学校に限らず、家庭学習の場合も同じです。

市販の問題集やドリルを子どもに解かせ、「ここ間違えてるよ、やり直しなさい」と**間違った答えを正解するまで解き直させたりするやり方は、子どもの〝勉強嫌い〟を助長することになります。**

では、成績が伸びる子は、〝復習〟をせっせとやる代わりに何をやっているのでしょうか。それが、〝勉強前のたった5分の準備〟です。

たとえば、これは成績下位、または下降中の生徒には見られないことですが、できる生徒は、授業の5分ぐらい前に、これから始まるテキストや教材にサーッと目を通しています。

テキストの〝予習〟をしているのではありません。

授業への集中モードに入っていく準備をしているとでも言いましょうか。**学習内容への〝興味〟を自分に注がせます。**

通読することによって、無意識にせよ「自分が知っていることと知らないこと」「何がわかっていて、何がわからないか」といった自分の**理解・把握度を前もって察知して臨むため、授業中に効率よく集中して聴くことができます。**

たった5分の準備で、従来の子どもの勉強の負担が大幅に軽減される――いよいよ次章から、そんな新しい学習スタイルについて、主に家庭でできることを中心に紹介していきましょう。

第1章

机に向かう前の「5分」が学習効率を高める

できる子は、
どんな事前準備をしているか？

1 授業前の「5分」が、学習時間の大半を占める宿題の負担を軽減する

授業前の5分間でちょっとした準備をするだけで、宿題の時間が劇的に変わります。そんな方法があるなら、ぜひ聞いてみたいと思いませんか？

小学生の子どもたちの家庭での勉強時間の大半は宿題でしょう。中学・高校になってくるとこれに定期テスト勉強というものも登場しますが、基本的に勉強時間の大半は宿題に追われます。そしてそれは子どもたちにすると、どんなにあがいても逃げることが許されない厄介なものなのです。

逆に言えば、この時間を取られる**宿題とうまく付き合っていくと、学習環境を自分の手で激変させることができるのです**。宿題の量を決めるのは残念ながら先生ですが、自分次第でそれに要する時間をコントロールできるというわけです。

なぜ、宿題に時間がかかるのか、子どもはやりたがらないのか

そこで、授業前にちょっとした準備をするだけで、なぜ宿題の時間が劇的に変わるのかということをお教えしたいと思いますが、その理由を説明する前にまず、なぜ宿題に大きな時間が割かれ、子どもたちを苦しめているのかを明らかにしておきましょう。

学校や塾などで学んでいる多くの子どもたちは、家で宿題に取り組む作業に追われるのが当たり前の生活を送っています。

ほとんど義務のようにさせられる宿題に効果は乏しいでしょう。ただ消化することのみを目的とした、かわいそうな勉強を強いられているからです。

積極的な勉強ではないので、よほど賢い子でないと頭に入らない上に、徐々に勉強そのものがイヤになってきます。

「うちの子、宿題をやらないんです。どうしたらいいのでしょうか？」

という相談は「親の悩みベスト3」と言えるほどよく受けますが、子どもたちが宿

題を嫌うのは、多くの生徒を見てきて本当にそう感じます。

その理由を子どもたちに聞くと、「面白くない」「つまらない」「難しい」などと返ってきますが、その奥に隠れている本当の理由は、**「やらされている感が半端《はんぱ》ない（強制）」と「成果が感じられない（内容がない）」**ではないでしょうか。

子どもにとって、宿題は日常です。〝こいつ〟とうまく付き合っていくには、「やらされている感」と「やる意味（成果）」、この2つをなんとかしないといけません。

まず、「やらされている感」を感じさせるのは宿題ならではです。

強制力がありすぎて義務にしか感じないことが、小学校低学年から刷り込まれているのです。

子どもたちの口から出るのは宿題に対してではなく、宿題を出している先生への文句が圧倒的。他の先生方の宿題や学校の宿題に対する文句をよく聞かせてくれます。まさに現場の声です。残念なことに、子どもたちの〝怒り〟の矛先が先生に向いてしまっている場合もあるのです。

そんな状態でする宿題がはかどるわけもなく、時間がどんどん費やされるのも納得です。中学受験をしようという子どもたちなら、相対的に従順な子が多いので我慢強く取り組んではいるものの、やはり多くは「出されているからやっている」という感じは否めないのです。

そして、「こんな宿題やっても意味（成果）がない。無駄！」と思ってやっている生徒も実はすごく多いのです。

そんなこと、絶対に子どもたちから言いませんし、「これやってて、意味あるって思う？」なんて質問、普通大人はしませんからね。

しかし、私は勉強嫌いの生徒たちから（他教科の）相談を受けた際に、あえてこんな質問を投げかけてみます。

「（課題や宿題に対して）効果ありそう？　正直（な気持ち）、どう？」

すると、ほとんどの生徒は首をひねります。つまり、やっていて充実感がなく、つまらない状態というわけです。

立場上、他のテリトリー（他教科）に勝手に入ることはできないのでいい加減なことは言えませんが、私が親なら、「効果ないと自分が思っているのなら、しなくていいよ」と言ってあげたい。無責任に聞こえるかもしれませんが、むしろ逆です。効果を感じないのなら、他の手を考えないといけない。たとえ効果があったとしても、実際に宿題をしている子どもがそう思っていないのなら、「効果半減だ」と言いたいのです。

「これならいい感じでできると思う！」。そう感じさせながらする勉強の方が断然いいに決まっています。これは私も実体験からそう思いますし、何よりも多くの生徒から聞かせてもらったリアルな意見だからです。

義務でやる宿題なら、しなくていい

私は生徒に宿題というものを強制していません。個々への〝課題〟として出します。理由は、みんながみんな、同じ宿題を横一線でするのはナンセンスと思うからです。

私が出す〝課題〟はあくまで目安。「この程度の内容と分量は最低限必要だ」というメッセージ的な意味合いです。

「授業で習ったことが完璧にできているなら、宿題なんてしてこなくてもいい。できなかったら1千回でも1万回でもやってこい（笑）」と。

もちろん「1万回」は冗談ですが、過去に私の生徒で1週間でその週の課題を21回もやってきた生徒がいました。

私の言葉に「そそのかされてかわいそうに」って思われますか？

その子は算数の成績が芳しくなかったのですが、その日を境に徐々に目に見える形で上昇していきました。その生徒は、「それから勉強の捉《とら》え方が変わった」と。さらに、「今までは言われた宿題をしてきた、というより、ノートになんとか答えを書いてきただけだった」と言っていました。

一度自分でできるようになるまで、自分に必要な分を考えてやってきたということが経験できたのです。「勉強の中の宿題の位置付けや、自分の習得度を少しずつ理解できてきて取り組めた」と言っていました。

必要ならしっかり納得いくまでやり、不要と思ったら思い切って切り捨てて、その時間を他に充《あ》てる。自分で考えてすることによって、得られる効果は計り知れないのです。

私は自分の生徒には「宿題をしてきても、試験で0点とってたら意味ないでしょ？　宿題こそが勉強って勘違いだけをするなよ！」と常に言っています。

つまり、「目的は宿題をやることではなく、できるようになること」であって、宿題の存在が絶対ではないということを知ってもらう。そして、なるべく自学で習得することを促すのです。

小学生くらいの子どもたちには多少ハードルが高いことのように感じるかもしれませんが、この真意を頑張って理解してくれた生徒たちは本当に伸びが違います。

ところが、多くの教育の現場では、いわゆるマニュアルで統率を図《はか》っています。そうする方がラクだからです。

たとえば、「～を3回ずつ」といった宿題。

習熟に必要な回数って、みんな同じでしょうか。

「そんなもん、人によって違うねん！」というわけです。それを各自で考えさせることから勉強させていく必要があるはずで、**自分に何が必要かを考えさせることが分析能力にもつながります。**

大人たちが丁寧に宿題の範囲を機械的に指示するため、子どもたちは口を開けて待っていることに慣れてしまい、目的を考えずに、ただ言われたことをこなすことの繰り返しになっている。この状況を解消しなければなりません。言い換えれば、これが解消できれば、相当違ってくるのです。

宿題の前段階の「授業中」の習得度を上げる

とはいっても、ほとんどの生徒は出された宿題を粛々《しゅくしゅく》とこなしていかないといけない状況です。では、どうすればいいのか。

そこで、その宿題の前段階の〝授業〟が肝になってきます。

スタートとなる〝授業〟の受け方が全然ダメなら、しんどくなっていくのは必然ですから、**いかに〝授業〟段階で学習の基盤をつくっておくか**が重要になってきます。

授業中に内容を俯瞰《ふかん》して把握できる賢い生徒はひと握りです。多くの生徒は、「わかったつもり（中途半端な理解）」や下手をすると全然わからないまま家に帰り、そして宿題のページを半泣き、なかには親子で号泣しながら四苦八苦してノートを埋めてくることを毎週繰り返します。とくに算数は。

実はこれはまだマシな方で、苦手な科目になれば、ほぼ答えの丸写しです。


今までのべ何万人もの生徒の宿題ノートを見てきましたが、成績が伸びる子のノートはひと目でわかります。

解答の流れに筋が通っていて、ほどよく無駄があったりもする。字の上手・下手や、綺麗・汚いはまちまちです。要は内容があるかないかです。


一方、**成績が伸び悩んでいる子のノートは、やけに綺麗なものが多い**のが特徴です。テキストの解答の丸写し、あるいは解答過程を書かずに答えのみを書いてくる。こんな無気力なノートが、優秀なクラスでない限り、半分くらいの生徒に見受けられます。

クラスによっては半分以上かもしれません。それだけ子どもにとっては出される宿題が難しく、わからないのかもしれませんが、これはゆゆしき事態です。

授業のインプットがしきれておらず、言われるがままに宿題というものに取り組んでしまっている証拠だからです。

「宿題＝復習になる」と思っていませんか

みなさんも、今まで「授業で習った内容が宿題に出される」「だから、宿題＝復習になる」と思っていませんでしたか？

本当は授業を受けた後で習った内容を整理し、「わかったつもり」になっていないか、自分の理解度を確認して初めて宿題に取りかかるべきなのです。

ところが残念ながら、時間的にも分量的にも、そんなことをしている余裕がないのが実情です。

学校や塾、ほかの習い事などに一日の大半の時間を奪われる子どもたちにとっては、目の前の宿題をいち早く片付けることしか頭にありません。親も同じで、「まずは授業内容の確認を丁寧に」なんて悠長に構えていられません。

しかし、本末転倒とはまさにこのことで、内容がしっかり頭に入っていないのに、宿題に出されている問題が解けるはずがないのです。

算数を例に挙げれば、公式を忘れてしまって基本問題もできない、あるいは公式を覚えてはいるけど、その意味がわかっていないから演習問題に手が出ない、ということになります。

本来、授業と宿題の間に、「自分の理解度を確認する」という本当の意味での〝復習〟があることを理解しておくべきです。

「授業→宿題」ではなく、「授業→理解度の確認（復習）→宿題」の流れです。

そして、ここで準備が必要になってくるのです。

「宿題の前に復習をしろ」って言われても、なかなか実行できそうにないですね。でも、授業前の「たった5分の準備」がその時間や労力を軽減してくれます。

準備といっても簡単なこと。授業の少し前、たった5分でいいので、テキストや教材のこれから習う箇所に目を通しておく。これだけです。

要は、**「これからどんな新しいことを学ぶのか？」「知っているものはあるのか、ないのか？」「わからない部分はどこか？」**など、**これから自分が学習する範囲に触れておく**のです。

たった5分の準備が効率的、健康的、経済的な理由

「えーっ？　５分で変わる？　そんなわけないやろ！」と言われそうですが、騙《だま》されたと思って試してみてください。

進学塾などの現場を例に挙げると、授業前、遊んでいる生徒は別にして、多くの生徒はその日のテスト勉強をカリカリ頑張ってしています。悪くはないけれど、それは家を出るまでにやっておくこと。

たかだか小テストごときに、直前まで必死なんてナンセンス。その時間はもうすぐ習うことの準備に充《あ》てる方が、ずっと効果的かつ効率的。さらには、健康的で経済的です。

たったこれだけでも全然違うという「成果」を体感できれば、勉強の質も上がってきます。

何事もそうですが、**事前に状況を把握できていると心構えや安心感も違ってきます。**

ましてや、**勉強が苦手な子どもにとっては、授業でワンテンポ遅れて聴くことが少なくなります**。どうしても勉強が苦手な生徒の典型的なパターンとして、「授業を後追いで聴いている」というのが挙げられます。遅れて聴いているために理解が追いつかず、よけいにわからなくなっていくのです。

授業での習得度を上げると効率も自ずと上がりますから、家での勉強時間の短縮になるのです。

必要以上の勉強時間で夜な夜な遅くまですることがなくなりますし、わからない問題や宿題が原因で起こる親子ゲンカが減るから健康的。ちなみに、私は中学受験時代、解けない問題を夜遅くまでしていて、凶暴な父親（笑）にボコボコにされていました。

経済的というのは、夜遅くまでしていると電気代も夜食もよけいにかかる。それくらいならかわいいもので、一番高くつくのは、〝できない〟子どもを見て不要な家庭教師を雇ったりしてしまうこと。

誤解しないでほしいのですが、家庭教師を無駄と言っているのではありません。

有効な家庭教師の出番はそんなシーンではないのです。「宿題お手伝いマシーン」

としての家庭教師なら、高額な費用はこれまた親子ゲンカの元。**その子が〝できない〟原因は「能力」ではなく、勉強の「やり方」にある**ことが多いのです。

先ほどから繰り返し述べてきたようなドツボパターン

「授業中、なんとなくわかったつもりになって聴いている」

↓

「出された宿題をよくわからないままやるので時間がかかり、宿題嫌いになる」

↓

「一生懸命やっているけど成績が伸びないから、勉強がつまらなくなる」

に陥っている可能性が高いといえます。

「先に見ておくとラクだ」という小さな成功体験を

この「授業前の5分の準備」については、根気よく親が子どもに働きかけることが大事です。先生たちも生徒一人一人にそこまで気を配ることがなかなかできないからです。

「授業前にテキストに目を通すといいよ」

「事前にチェックしておくと後がラクだから！」

と言って、準備をして授業を受けさせ、**「先に見ておくとラクだ！」という小さい成功体験を感じさせるのです**。

目的は、事前に内容を見て知っておくと、その後の勉強がラクになる。授業前の心構えや安心感も違ってくる、それを子どもに肌で知ってもらうことです。

勉強に限らず、先に知っていると絶対に有利というのは、さすがに子どもでもわかっているはずです。それを積極的にできない勉強でも、使えることを感じてもらうと、ちょっと変わってくる予感がしませんか？　何と言っても子どもは〝ラク〟したいのですから。

でも、ここでまた強制的に「～しなさい」という言い方はダメですよ。わけがわからないことの強制は、子どもは絶対イヤですからね。

その「事前準備」をする理由や可能性を、しっかり伝わるように言ってやってください。言い方はシンプルに「〝ラク〟になるから！」。とにかく子どもたちは手抜きしたいですから、実行してみて手応えをつかんでくれたら「これ、おいしい！」と思ってくれるはずです。

断っておきますが、これは子どもに〝ラク〟を覚えさせる類のものではありません。あくまでも、**子どもの自発的な勉強の後押しの一つ**です。

親の働きかけと書きましたが、必ずしも親が言わなくてもいいのです。親だとケンカになってしまう、なかなか言う通りしてくれないと思うときは、代わりに誰かに言ってもらうのもアリです。たとえば、子どもが信頼している先生や、よく子どもの口から話題にあがる先生にそれとなく言ってもらうのでもいいでしょう。

これも立派な親の働きかけ、親の役目を立派に果たしていると思います。

事前準備で勉強をやる気になった例

あらかじめ授業の事前準備をしておくことで、勉強に対して積極的になった生徒がたくさんいます。

事前に「知っている・知らない」「わかる・わからない」の把握や確認をするだけで、こんなにも変わるものかと驚かれるお母さんもいます。

以前、塾で担当していた小学5年生の男の子のお母さんに「子どもは先生の言うことはいつも聞くんです。なんとか勉強するように言ってあげてください」と頼まれたときのことです（こうした相談や依頼はめちゃくちゃ多いのですが、先ほどお話しした「親の代わりに誰かに言ってもらうのもアリ」を実践しておられます）。

その生徒、まったく成績はよくないのですが、授業は休まずに来る子でした。よくいる〝普通に勉強しない〟子どもです。とくにその相談を受けた頃、授業のペースについて来るのがやっとの状態でした。

そこで彼を呼び出し、先ほどの5分間準備（事前にテキストを通読し、疑問点を確認）するよう、理由も添えて言いました。

私が担当しているからサボれないと思ったからかどうかはわかりませんが、真面目《まじめ》に事前準備をしてくるようになりました。

すると、効果テキメン。今までなら授業で初めて聞くはずのものが、「あ、それ、読んできたアレや！」となり、気持ちがラクになるとともに、「周りの友達が知らないことを、自分だけが知っている」というちょっとした優越感のようなものを感じたのです。

「みんなは知らないのに、自分は知っている！」

もちろん、できる子は彼以上に授業内容をインプットしていたでしょう。しかし、**勉強をしだす助走**には十分です。

ちょっとだけ先に知っているかで、習得度もやる気も違ってくるのを徐々に感じ取ってくれました。要領を得た彼は、他教科でも実践して全ての科目で点数の底上げができたのです。

事前に内容を見ておくことの効果は、授業の内容を理解しやすくし、授業時間の学習効率を上げるだけでなく、いい意味で周りの子を意識させることもあります。

勉強しない子の多くは、勉強に関して周りに劣等感を持つ傾向があります。いい意味の周りの子への意識が、「自分も競争できるんだ」という自信に変われば、勉強への劣等感が解消されるのです。

2 「自分から学ぶ習慣」が、吸収しやすい下地をつくる

「うちの子はやる気がなくて」という嘆きの声を親からよく耳にしますが、生まれつきやる気のない子はいません。子どもは本来、好奇心が旺盛なものです。何でも「なぜ？　なぜ？」と知りたがります。そして、与えられる知識より、自分で調べた知識の方が断然役に立ちます。頭にも入ります。

それには早いうちにそのクセをつけさせる必要があります。

クセというのは「好奇心をもつクセ」。

人間が本来持っている「知りたい」という欲求を駆り立てる〝準備〟をして（好奇心を持って）学習や授業に臨んだ子は、同じ授業を聴き、同じ勉強をしても吸収力が違います。より多くのことを吸収し、大きな学習成果を上げるのです。

成績のいい子には「自分から学ぶ習慣」がある

成績の優秀な子どもたちは、この「知りたい」欲求を解消したがります。先生や友達に聞いたり、自分で調べたり考えたりできます。「自分から学ぶ習慣」があるのです。

「自分から学ぶ習慣」とは最近よく言われる言葉ですが、「家で机に向かう習慣」「自主的な学習習慣（自主勉強）」と混同している人が多いように思います。

親に言われて、あるいは仕向けられてやっている「学習習慣」なら、前に書いたような〝やらされてる感（強制）〟になるから効果が薄い上、この後お話しする非効率な勉強につながりやすいでしょう。

本当に自分から学ぼうとしている子には、ちょっとした共通点があります。

それは、**お母さんやお父さんがそれほど勉強にうるさく言わない**こと。〝それほど〟というのに注意です。「あ、何にも言わなくてもいいのね」と誤解されては困ります。

確実に言えるのは、口うるさいことをギャンギャン言う家庭の生徒は、決まったパターンの勉強や親の思い込みでしんどい勉強を強いられていて、自分から勉強しようという余裕も考えも、かき消されてしまっているということです。

「しんどい勉強」から子どもを解放することから始めよう

自習をしている生徒の中で、どう見ても〝不要な勉強〟をしていそうな生徒に「なんでそれしてるの？」と聞いてみると、（お母さんやお父さんに）「これをしなさいと言われたから」と仕方なさそうな感じで答えるのです。

〝不要な勉強〟というのは、大きな学習の括《くく》りで言うと存在しないかもしれません。序章でも触れましたが、勉強には試行錯誤や遠回りも必要です。でもそれは、あくまで「自分で考えて」取り組んだ場合の話です。させられているのではいけません。

しかし、成果を早く求められるような受験勉強で、明らかに非効率さが見受けられるときは、たいてい親の支配下に置かれた勉強になってしまっています。

受験勉強こそ、自らのモチベーションで勉強するか否かが大切になってくるのに非常に残念です。

ですから、そんなときは「思いきって親とケンカしろ！」と言っています。いい意味で親とケンカすることで子ども自身に勉強する意思が生まれ、受け身ではない勉強へと変わっていけるからです。

まあ、実際、「ケンカしろ！」って言われても、なかなか「うん、してみる！」なんて元気な生徒は少ないですが……。そのアドバイスを実行できる子は、むしろ女の子に多いのが面白いところです。

女の子はいい意味で自己主張が達者です。「先生に、こう言われたから！」とうまく私を隠れミノとして利用してくれます。おかげでその後お母様方から「ちょっと先生……」と説明を求められますが（笑）。

それでいいんです。後は、その親の呪縛から解かれた子どもに、自分で進んでいけるような後押しをするだけ。

面白いもので、**「勉強は辛いもの、苦しいもの」という感覚がなくなるだけで、子どもを精神的にラクにさせ、自由に学ばせることができるのです。**

せっかくの学ぼうとする〝伸びる芽〟を摘んではいけない

親にうるさく言われていない子どもたちを見ていると、勉強をしている中での脱線に躊躇《ちゅうちょ》がありません。

たとえば以前、ある進学塾で教えていたときに、こんなシーンを見ました。

4年生の生徒が社会の勉強中にわからない都市名が出てきたということで、漢字辞典で都市の字を調べていたのです。その漢字とは、新潟の潟。調べたついでに周辺の漢字を面白そうに眺めていました。

その生徒はいつも漢字テストは満点で、その教室でもトップクラスの優秀な生徒です。はたから見ていると、社会の勉強か国語の勉強かわかりませんが、本人からすると、ただただ自分でいろいろ吸収しているだけなのです。

勉強とは本来こういうもの。自分で見つけた疑問や問題に、自然と入り込めること。これが〝気分よく自由に学ばせること〟ではないでしょうか。


ちなみに、これには話の続きがあって、通りかかった先生に「お前は何を遊んでるんや!」と咎《とが》められたのです。

マニュアル通りにしか動けない先生だったので、それを見ていた私が間に入りましたが、教育の現場ですらこんな感じです。子どもが自分から学ぼうとしている体験に否定的になってしまうと、〝伸びる芽〟を摘んでしまいます。

だから、なおさら家庭では、親が子どものよき理解者となって、学習スタイルや環境を見直していくことが大切なのです。

また、この4年生の生徒は、いつも漢字テストが満点だと紹介しましたが、「〝読み〟ができること」と「自分から学べること」は無関係ではないと思います。

人より多くの漢字が読めて、意味もわかる。**読めるということは、それだけ人より情報量が多く吸収できます。同時に、多くの疑問も持てるようになるのです。その知的欲求をまた自分で解消しようとする。好循環が巡ります。**

知らず知らずのうちに、学習の準備をしているのです。

「雑談」が気分をリフレッシュさせ、その後の集中力を高める

普段、お子さんとどんな内容の「会話」をしていますか？

子どもが好きなゲームやテレビの話などは「へえ、そうなの」と聞き流してしまい、「わかったから早くごはん食べて」「それより○○（塾や習い事）はどうだった？」「宿

題はすんだの？」……と、しつけや勉強に関する話題が増えてしまっていませんか？

毎日の生活が忙しい中で仕方がない面もあるでしょうが、勉強を頑張ってほしい子にこそ、しつけや勉強と関係のない会話、楽しい話やリフレッシュタイムが必要です。

言い換えれば、**「一日5分のリフレッシュタイム」が勉強に疲れた脳を活性化させるいい準備になる**といえるのです。

私の場合、授業で生徒の雰囲気を見て「雑談」を入れます。

雑談の内容は、自分で言うのも変ですが、抱腹絶倒のものからゲスい、子どもがちょっとドン引きしちゃうものまでいろいろです。

まだ小学生の子どもが長時間、授業に集中し続けることはできません。どうしても途中で姿勢が悪くなったりしてダラッとしてきます。そんなときは**授業とはまったく関係のない「雑談」でリフレッシュしてもらって、パッと気持ちを切り替えるのが集中力を高める上で効果的なのです。**

言える範囲でたとえば――。

●USJ（大阪のユニバーサル・スタジオ・ジャパン）の〝ハロウィン・ホラー・ナイト〟というハロウィン・イベントで、パーク中に放たれたゾンビを見ても驚かなかったホラー好きの私が、横を歩いていた小さい孫を連れていたおばさんを見て「ワァーー！」と飛び上がってびっくりしてしまった。メイクきつすぎて〝ホンマもんのゾンビ〟なんかよりパンチきいていたんで……おばさん、ごめんなさい。

という、おばさんの前では話せないもの。

●新幹線に乗っていたら、私の前に座って熟睡していたおじさんが駅であわてて降りて行ったとき、シートの背もたれのマジックバンドに髪の毛が引っかかってバリバリと音がした後その人の頭に目をやると、完全にずれていた。

という、特定のおじさんの前では話せないもの（活字にするとこんな感じですが私が話すと爆笑です）。

ちょっと疲れた様子だった子どもたちも、ドッと笑った後は頭がリフレッシュされ、元気です。**大きな声で笑うことで脳が活性化されるのでしょう。その後の集中力、授業への食いつきも違います。**

「自分から学ぶ習慣」をつける一日5分の準備習慣

ところが、ごく少数、私の雑談でも全然リフレッシュできていない、むしろ眉間《みけん》にシワを寄せて聞いている生徒がたまにいます。そういう子たちの特徴としては、親がうるさい、超がつくくらいの几帳面、成績はイマイチが挙げられます。

つまりは、雑談をみんなと一緒に笑って聞く余裕がなくなっているのです。見ていてかわいそうですが、家でガンガンに勉強をさせられていることが体にしみ込んでいて、もう自分では勉強できないようになってしまっているのです。

よく、「子どもの学習成績は親で決まる」などと言われていますが、それは親が優秀かどうかとか、教育熱心な家庭環境を指しているのではありません。

親の関わり方にこういった間違いが多いことに警鐘を鳴らしていると言えるでしょう。

繰り返しますが、「勉強はさせるのではなく、自分から！」。これを肝に銘じてください。

では、自分から積極的に勉強や学ぶ習慣がない子には、親はどういった対策を講じればいいのでしょうか。

当たり前ですが、「自分から勉強しなさい」「自分からやりなさい」といくら言っても無駄ですよ。

まずは、子どもが抵抗なく習慣化しやすいこととして、

「毎日寝る前に、次の日の予定を書く」

こんな習慣から始めてみてはいかがでしょうか。

朝○時に起きて着替えして、○時からごはんを食べて学校に行って、○時に下校後、友達と遊ぶ、○時から○時30分まで学校の宿題、○時30分～○時まではテレビ、○時から○時まで勉強……と、朝起きてから寝るまでの予定を表にするのです。

たとえ学習予定を自分で書かせるのが目的でも、「勉強の予定」という体《てい》で書かせてはダメ。あくまでも日常を自分で文字に起こさせて、**時間の使い方や責任を子どもながらに持たせるのです。**

遊びなど勉強以外の予定も入りますから、勉強嫌いの子どもでもそうイヤな気はし

ないはず。時間は30分単位で区切って書くと、書きやすいでしょう。

必ず、宿題や暗記など勉強の予定も盛り込むことは、ルールとしておきます。勉強の予定といっても、ドリル学習などに限らず、「地球儀に載っている国旗を覚えるのでもOK！」と言えば、さらに子どもにとってのハードルは下がります。

親がしてほしい内容の勉強でなくても、親から見れば**勉強に関係ないようなことでも、「知識量」が自信ややる気に変わっていくことが多い**のです。

そして、必ず夜**寝る前に一日を振り返る時間をたった5分でいいからつくらせる。**

それを踏まえて次の日の予定を書く。……これを繰り返していくことで徐々に「自分で自分を管理していく力」が身についていくはずです。


注意していただきたいのは、「えっ、1時間も遊ぶ時間なんてないでしょ」「〇分で本当に宿題が終わるの？」などと**子どもの予定表に頭ごなしにケチをつけないでほしい**ということです。

勉強の予定に対して、細かいアドバイス（という名の〝文句〟に子どもは聞こえます）もやめてください。

勉強だけでなく、自分の生活を客観的に見るようにさせて、**下手でもいいから自分一人でさせていく**ことに重点を置くことが大切です。これが「自分から学べる子」の基礎となるのです。

3 勉強は要領！「効率のいい授業の受け方」で帰宅前に宿題の準備ができている

みんな子どもの頃から勉強は真面目にするものだと植えつけられています。日本人はとくに、コツコツ勉強することが素晴らしいように教えられてきています。

これは美徳ではありますが、不器用な子どもには辛い言葉なのです。馬鹿正直に、〝真面目にコツコツやらないといけない〟と思い込んでしまいますから。

事実、よく「努力は報われる、頑張れ！」と子どもたちに言う先生は多いのです。

たしかに努力することは大切で、成果を上げていくには欠かせないものです。しかし、それしか言えないのでは、プロとして芸がない。努力は結果を必ずしも保証してくれるものではないし、「努力、努力とだけ言って、カンタンに努力できるのなら、みんなやっている」という声が聞こえてきそうです。

時間は密度！　できる子は最小の努力で最大の成果を得ようとする

成績トップクラスの子どもの多くは、どちらかというと、いわゆる努力家タイプとは逆のタイプの子が多いです。

「もともと頭がいいから努力しないでもいいのでは？」と思われるかもしれませんが、もともと頭がいい子もいますが、それはごく少数で多くは徐々にいい頭につくられているという印象です。

いい頭と書きましたが、言い換えると要領のいい考えができる頭です。真面目にしている子どもたちには辛いですが、ちょっとずる賢いくらいの子どもの方が学習能力は高いです。それは能動的に動けるタイプだからです。

みなさんの周りにもいませんか？

勉強時間は少ないのにテストの成績はいいという子と、授業態度も真面目で家でコツコツ何時間も勉強しているのに成績がパッとしない子。

違いはどこにあるのでしょうか。

その違いの一つが「要領」のよさ。**勉強に時間をかけるほど、親も本人も「勉強を頑張った」という錯覚に陥りがちですが、時間は量より密度。**長時間勉強する子ほど成績がいいとは限りません。

先に「要領のいい子は能動的に動ける」と書きましたが、同じ勉強をするにしても「真面目にコツコツこなそうとする」のではなく、どうすれば「最小の努力で最大の成果を上げるか」を事前に（無意識にせよ）考えてやっているといえるでしょう。

事前に「わかる部分」と「わからない部分」をチェック！ 集中力の無駄遣いを防ぐ

たとえば、要領のいい生徒は、今から授業でどんなことをするのかを事前にチェックしています。

先に述べた〝授業前の5分間準備〟です。

テキストにサーッと目を通すことによって、これから始まる学習内容への興味を駆り立てるだけでなく、**「どこできっちり聴いておこうか」**と、**内容の核となる箇所をあらかじめ見つけようとしています**。

たとえそれがわからなくても、**学習内容を俯瞰《ふかん》で捉える**その行為自体が授業への大事な「準備」をしていることになるんです。

授業前に問題の解答・解説まで目を通している子はまず賢い子です。授業の聴き方や把握力も他の生徒と雲泥の差が出ます。受け身ではなく能動的、かつ効率的です。何より講義にメリハリを持たせて聴けます。すでにテキストに書かれてあることを、そのままノートに書き写すなど、本人にとって「不要なノート」をとったりしなくてもいいのですから。

事前にチェックしておいた「知りたい部分」「わからない部分」の説明部分はとくに集中して聴けばいいのです。

真面目すぎる生徒や要領のよくない生徒は、細かいことを片っ端から全て拾おうとしてしまいます。

それに対し、できる生徒は、ココというところを集中しています。細かいことや自分の中で重要度が高くないと思ったところと、聴き方に差をつけています。テキストに書いてあって後で自分で見てもわかるものは、書いてある場所だけをチェックしておいて、**その場で聴かないといけないものは「ギアを一段上げて聴いている」**ということです。

これは、事前にテキストを見てある程度確認しているからこそできること。テキストを見ると書いてあることを、必死にノートに写しながら聴くのは、**集中力の無駄遣い**です。

肝心で重要なことを聴かないといけないときに、集中が途切れていてはいけません。学校でも塾でも授業は何時間もありますから、集中力もずっと続かないことを知っておき、自分でコントロールしないといけないわけです。

宿題を自分でソコソコこなしていける生徒は、テキストを読むだけでは厳しいというところを、授業でしっかりピンポイントで聴いているのです。

こうした**効率のいい授業の受け方で、他の生徒たちよりその時点で一歩も二歩も先を行っているのですから、宿題の準備も家に帰るまでにできているのです。**

残念ながら、何時間勉強したとか、何ページしたとか〝過程〟を重視する人があまりにも多いのですが、もっと将来の〝結果（生産性）〟を追い求める勉強のやり方を考えるべきではないかと思います。

成績がイマイチの生徒に限って、大量の文字でノートを埋めたり、わかりきっている問題に時間をかけたり。それで「勉強している」という満足感や安心感を、本人も親も、困ったことに先生さえも感じるケースが多々あります。

こんな「なんちゃって勉強」なら、本人のためにしないほうがマシ。ダラダラとしんどい勉強にさらに飲み込まれていくのが目に見えています。

ほかにも、（次に紹介する）学習に臨む前に「目標を決めておく」「時間を決めておく」といった準備をすることで、効率的な勉強のやり方に変わるはずです。

4 できる子は事前に「小さな目標」を立てる

先にある大きな目標には、当然いきなり到達できるものではないはずです。段階を経て目標を細分化したものを掲げていくようにすることによって、自分自身を無理なく目標達成に導いてくれます。

ランニングをしていても、遠い前方を走っている人を追いかけるのはしんどいですが、少し先の目に見えている人を追いかける方が気分的にラクなはず。**見えている、手が届きそうな「小さな目標」を小刻みにつけていくのです。**

一番簡単なのは、クラスメイトで自分より少しだけ成績のよさそうな子を目標にするのです。できれば友達ではない、仲良くない子がベストかもしれません。好きではない子に負けたくないでしょうから、その点をくすぐって、やる気を駆り立てる。

別にケンカするのではないですよ。あくまで黙ってその子を一時的なターゲットに置くだけです。

私は競争心がない生徒には、時々これで目標をつくらせます。やはり子どもたちは多かれ少なかれ、どこかに「負けたくない！」気持ちがありますから、結構効きます。発奮するのです。マラソンでいえば、ターゲットの子がその生徒のいいペースメーカーになってくれるのです。

5 できる子は「計画表」より「記録表」をつくる

自己管理は難しい。「スケジュールを立てるからには成果を上げたい」と多くの人は思うのですが、なかなかうまくいかないものです。そのほとんどが計画を立てるだけで最後まで実行できずに終わってしまう、いわゆる計画倒れです。

そうならないためにも、「計画表（スケジュール・予定表）」だけではなく、実行できたかどうかの「記録表」が必要です。

「計画（予定）→実行（記録）→記録の見直し（反省）」をワンセットにして毎日繰り返すこと。とくに多くの子どもは最後の見直し（反省）をほとんどしていません。

「できなかった。次、頑張ろう！」なんて精神論で終われるなら、世話はないのです。

「無理のない計画を立てましょう！」というのをよく耳にします。これは実行できたかどうかの見直しをすることによって、はじめて自分にとって無理な計画だったかどうかの判断がつくのです。よって、計画だけではダメなのです。

前に紹介した「一日5分の準備習慣」の延長で実践できることですが、まず、一日の時間を勉強から遊びまで全て盛り込んだものを書かせて、自己管理の練習をさせます。

初めは下手でも構いません。よく夏休みに学校で渡されるスケジュール表のようなもので十分です。

まず、前日の夜寝る前に5分ほどで次の日の予定を書きます。それを家族が見えるところに貼っておくとごまかしができません《計画》。

そして、一日終わって寝る前に「どれくらい実行できたか、また、できなかった理由はなんだったのか？」を自分で考えさせるのです《実行と見直し》。

書かせると負担になるので、できれば口頭でお母さんが聞くというのが理想です。

そして、それを踏まえてまた次の日の予定を書いて寝る。

つまり、見直し（反省）がないと次につながらない。見直しをすることから成長できるのです。

これを毎日繰り返すことで考えて計画を立てるようになるので、長期的なものでも徐々に自分でできるようになるのです。他人に与えられる計画より、数百倍・数千倍も意味のあるものになるに違いありません。

「ゲームは○時間まで」といくらルールを決めても無駄に終わるのは、親に言われるから。

個人差はあっても、自分で決めた予定には「守らないといけない」という気持ちが生まれます。守らないと罪悪感も出ます。あえてそれを味わわせる必要はありませんが、その失敗体験も糧《かて》となって、また考えて成長していくのです。

第2章

子どもが勉強したくなる「環境」のつくり方

成績が伸びる子の
“親”と“勉強道具”はここが違った

親編

1 勉強がイヤにならない「空気」をつくる

世間では勉強嫌いの子どもが多いと言われたりしますが、序章で述べたように、それは少し違います。

確かに、机に向かっての勉強が嫌いな子どもが多いのは事実です。しかし、学ぶこと、何かを知ることはすごく好きなのです。

では、勉強はイヤなはずの子どもたちが、何かを知ることに積極的で意欲旺盛になれるのは、なぜだと思いますか？

勉強をさせてあげたいと思うお母さんやお父さんが、その違いを少しでも感じることができて、接し方を少し工夫すれば、今後のお子さんの学習意欲を高められることがより可能になってくると思います。

勉強嫌いになるのは「監視されている雰囲気」が原因だった

私は長く受験指導をする立場で多くの子どもたちを見てきて、ごく一部を除き、子どもたちが宿題をいかに嫌っているかを知っています。「子どもの天敵」と言ってもいいでしょう。嫌いな理由は、前に述べた理由以外にもあります。

それは子どもの生活を脅かすからです。

まず、宿題は子どもの欲しがる自由時間を確実に奪います。それもほぼ毎日です。見たいテレビ番組が見られない。漫画が読めない。友達と遊べない。最近はＬＩＮＥができないという女の子も多いです。

習い事をしている子も多いので、ただでさえ時間がない上に、宿題にまで時間を持って行かれては、子どもたちにすると、イヤ・面倒・邪魔な存在となっていきます。

だから「宿題をしたの？」という言葉に嫌悪感を抱くのです。その言葉を発する親、とりわけお母さんと日々バトルを繰り返していくのです。家庭で親が子どもについ言ってしまう言葉の上位に、「勉強は？　宿題は？」があります。

「勉強は？」「宿題はしたの？」

そう言われて、「よし、頑張ろう！」という子どもはまずいません。

「うるさい！」「わかってる！」「今しようとしていた！」などと言って、親子バトルの勃発です。

勉強どころではなくなります。お母さんは日頃の家事や仕事で、子どものために背負っているものも大きいので、時にはイライラしていることでしょう。そこに普段なら我慢できることでも、子どもの反抗的な態度にどうしても我慢できず怒ってしまうことも多いでしょう。

〝子どものためと思って叱る〟のと〝感情的になって怒る〟のは違うと言われますが、子どもから見ればほぼ同じ、「親に怒られた」と映っています。

感情的に怒ってしまった後、時間が経って反省や後悔をするお母さんは結構な割合でいます。気持ちはわかりますが、

「勉強は？」と親が言う

↓

「今しようとしてた！」と子どもが反発する

↓

親子バトル

という悪循環を断ち切らなければ、ますます勉強嫌いに拍車をかけるでしょう。

では、どうすればいいのか？

まず、**子どもに〝監視している雰囲気〟を感じさせない**ことです。

「勉強は？　宿題は？」は、子どもから見ればイヤなことを監視されているように感じるんです。ですから、この〝無駄な問いかけ〟をするのを今からやめてみてください。これで不要な親子バトルはなくなります。

また、「私が宿題を見てあげないとしないから」と、子どもの隣に座って、子どもの宿題を見ているお母さんがいますが、真横に座って、じっと見るなんてＮＧです。これは子どものテンションを下げる〝ただの監視〟と変わりません。

もう一つ、**興味のない・わからない・できない勉強を一人でしなくてはいけないことです。**

大人なら、わからないことでも自分で調べてみたり、人に聞くことができます。

しかし、多くの子どもは、そうではありません。そもそも、自分たちの自由な時間を奪う勉強そのものが面白くないし、したくないのです。授業も疎《おろそ》かな聴き方になっていき、わからなくなっていくので難しく感じていきます。そうなれば、そのイヤで難しい、また面倒くさいものを自分一人でしないといけないというしんどさを徐々に体が覚えてしまう。この流れが、勉強＝宿題＝天敵となってしまうわけです。

しかも、子どもにとって親がよかれと思って与える「勉強部屋」は、部屋で一人でしないといけないとなっては「独房」になりかねません。

昨今、「子どもはリビングで勉強させた方がよい」とリビング学習が流行ですが、「監視する雰囲気でなければ」という条件付きならば、十分納得のいくものと思われます。

2 親は「ただ一緒にそばにいる」安心感を与えよう

前項で、子どもが勉強嫌いから脱けだすカギとなるのは、「子どもに監視している雰囲気を感じさせないこと」と書きました。

親は、「宿題は？」と声をかけるのでも、あるいは放っておいて一人で勉強させるのでも、逆にそばでしっかり見てあげるのでもなく、ただそっと見える範囲の近くにいてあげればいいのです。

一人で勉強するよりも集中して頑張れる理由

子どもは苦手な勉強をしているとき、普段うるさく言う親でも、近くにいるというだけで、なぜか黙々とやるものです。

私が個別に生徒に問題を解かせるときでも、ほどよい距離を保ち、黙って近くにいるだけで、一人で勉強するよりも明らかに集中し頑張っている様子がわかります。

はじめは、なぜ子どもたちがそうなるのか不思議でした。

ある日、いつも居残り勉強をしている男子生徒に、「今日はもう帰って家でやっておいで」と言うと、すごくイヤがったのです。

理由は、「自分一人だったらする自信がない」とのこと。その生徒は甘えて質問ばかりする子ではありません。人に頼らず、ほとんど自力でしています。それなのに「家で一人でやるのはイヤだ」というわけです。

「先生が近くにいてくれるから、安心するんです。ウチだと、自分の部屋で一人なんで」と答えたのです。

「でも、俺、ほとんど何もしてないやん。むしろ、ノートチェックやらで君にノータッチやけどな」と私が返すと、

「だからいいんです。真横でじーっと見られると気になって集中してできません。先生は、時々覗《のぞ》いてくるだけなんで」と、その生徒は言ったのです。

大人になるにつれて子どもの頃の感覚は消えていきますが、その生徒の話を聞いて、ふと自分の子ども時代のことを思い出しました。

母のそばにいる安心感で、積極的に勉強したくなる

私は小学生のとき、国語が大の苦手。算数は大好きだけど、国語は超が付くほど嫌いな典型的な理系タイプでした。

国語は長い文章を読まないといけないですが、それが退屈で、面倒くさくて、とにかくイヤでした。テストでは、なんとか問題文を読まずにラクに解く方法はないもの

かと、そんなことばかり考えていた記憶があります。

小学3年生の冬のこと。公開テストの後、母親に「今回の文章はどんなことが書かれてたん？」と聞かれた私は、自信を持ってこう答えました。

「猿はバナナが好きって話……」

問題文を読んだ母は、恐ろしい形相で私を睨《にら》みつけました。「全然違う！」。それもそのはず。その文章は少し堅めの説明文で、「猿を使った実験で、オリの外にあるバナナを、何を使って、どのようにして取ることができるか」という内容だったのです。

当時、私は文章を読むのが大嫌いだったので、文章全体を見渡して、目に付いた単語だけをピックアップして想像で解くという、アホなことをしていたのです。

こんな〝事件〟があってから、母親は家で私が国語の勉強をするとき、様子をそばで見てくれるようになりました。そばで見るといっても、これといって口出しをするでなく、ただ隣に座って、取り込んだ洗濯物をたたんだり、新聞を読んだりするだけです。

母親からすると監視目的だったかもしれませんが、当時の私にはとても安心感があり、**母親に聞かせるように文章の音読をした**ことを覚えています。

この母の存在が、文章を当たり前に読めるレベルまで私を引き上げてくれたのではないかと、今では感謝しています。

思い出話が少し長くなりましたが、要するに、**子どもは横にベッタリ付かれるのもイヤだし、放っとかれるのも無視されているようでイヤ。ほどよい距離感で、見守っている感があれば安心し、かえって積極的に何かをやりたくなる**ということなのです。

「家で一人で勉強したくない」と私に話してくれたその生徒も、自分が積極的に勉強できる環境を自分の肌で感じ取っていたに違いありません。

保護者からの質問や相談で、「一緒に横について宿題を見ていても、いつも言い合いやケンカになるんです」とよく聞きます。

よくよく聞いてみると、その発端は、ほぼお母さんが我慢できずに怒ってしまっているのです。

みなさん、経験からよくおわかりの通り、子どもに怒ってしまうと、もうダメです。

イラついたり、我慢できなくなる気持ちはわかります。その原因は当然、お子さんにあることもあるでしょう。しかし、口出ししたくなる気持ちをグッと抑えて見守ってみると、その変化に子どもが気づき、次第に「親がうるさい存在だ」と思わなくなっていくはずです。

3 「勉強の必要性」を教え、目的意識を持たせる

先に、ごく一部の子どもたちを除いて、子どもは宿題が嫌いだという話をしました。ごく一部の子どもたちとは、ズバリ目的意識や目標を自分で持った子どもたちです。勉強のやり方以前に、「勉強の必要性」を親が教えておけば、子どもも目標を持ちやすくなります。そして、勉強に対する目的意識を持つことがモチベーション（やる気）につながるのだと、多くの子どもたちを見てきて強く感じます。

パイロットへの憧れから算数好きに

ここでまた私の子ども時代の話を少し。

私は幼稚園の頃、実はパイロットに憧れていました。

大阪空港（今の大阪国際空港です）で生まれて初めて目にしたジャンボジェット機は「デカすぎる、カッコよすぎる……」。そう感動した私は、「どうやってこれ動かしてんの？」と父に聞きました。すると、

「あそこにパイロットがおるねん。そこで操縦してるんや」と、飛行機の先っぽの小さなコックピットを指差す父。私に強烈に衝撃を与えたのは、こんなドデカイものを、あの小さなスペースで操っている人がいるということでした。

当時5歳くらいだった私は、一気に飛行機の虜《とりこ》になりました。それからは毎日のように飛行機が飛んで行く空を見上げ、「パイロットになりたい」と思うようになっていったのです。

そしてまた父に、「どうやったら、パイロットになれるん？」と聞くと、

「あれはいっぱい勉強せななられへんねん。とくに、算数ができなあかん」

それを聞いた私は算数に自然と興味を持ち、たくさん数に触れるようになりました。それも〝自分から進んで〟です。

今考えると、「パイロットになるには算数ができなあかん」というのは、父親の詭《き》弁《べん》だったかもしれません（パイロットという高度な職業に理数系の勉強が必要なのはもちろんですが）。でも、**「好きになるきっかけ」になりさえすれば、詭弁でもなんでもいいのです。**

〝好き〟になると、強いのです。上達のスピードが違ってきます。そこには才能や能力など関係ありません。

パイロットという目標ができ、それに向けての勉強の動機付けが生まれた私は、貪欲に、少々の難問であっても取り組むことが当たり前になっていきました。小学3年生から大手進学塾に通わせてもらいましたが、算数の成績だけは常にトップクラス。学年で一番できるやつにも負けないほど得意になっていったのです。

親は学ぶ〝きっかけ〟を与えても、〝レール〟に乗せてはいけない

「子どもたちに何かを学ぶきっかけを与えたい」
「将来の可能性を広げたい」
そんな思いから、習い事など様々な教育に熱心な人が増えています。

まだこれからの子どもたちに、なるべくいろんなものを見せて、経験させて……と親として考えるのは理解できますし、これ自体はなんら問題はありません。

ただ、「経験をさせている」という大義名分のもと、子どもの意思に反して、思うように子どもの将来を決めてしまっている親がいるのも事実です。

私は受験指導で多くの子どもとその保護者を見てきて、親の影響を強烈に受けていたり、**親のレール（親の言った通り）に乗っかってしまっている子どもたちは、総じて覇気がないと感じています**。批判を恐れず言いますが、子どもたちの〝やらされている、仕方なく〟感が半端なく感じられるのです。

そんな子どもたちの成績が伸びるわけがありません。

塾などでも成績不振の子どもを囲んで親や先生が、「やる気あるの？」って問いつめるようなシーンを見かけるのですが、正直言ってほとんど無駄です。なぜなら、小学生くらいの子どもにとって親は絶対的な存在で、基本的に、逆らえないからです。

しかも、子どもは大人がどんな答えを望んでいるかを敏感に察しています。それは、子どもにとって意に反する答えの方が多いので、その瞬間、子どもには相当なストレスもかかります。そしてやる気の芽を一つ摘んでしまう結果になるのです。それはもう、はたから見ていて、かわいそうなほどです。

よかれと思って子どものためにしてあげていることが、「親のエゴ」に映る場合もあります。子どもと親の目線の違いで、まったく別ものに見えるのです。

たとえ子どもであっても、**本人自身が触れて・感じて・興味を持ったきっかけが一番大きな学びの原動力になっていく**ということを、少なくとも親には知っていてほしいです。

強制や脅しにつながる目標は逆効果

あわてて勉強をさせたり、無理やりきっかけづくりをするよりは、勉強の必要性を「子どもの言葉」で伝えていくことが大切だと思います。

教えるとか言い聞かせるとかではなく、伝えることです。ここが重要です。

どうしても親は時間的な焦りから、「この時期までに、ここまでしておかないと」

とか、「○年生までに〜ができないといけない」と思いがちですが、焦っては本末転倒。先ほどの例でも触れましたが、大人からの強制的な目標は、逆効果で虚しいほどです。「勉強したら、こうなれる」とか、「勉強しないと、こんなふうになってしまうよ」なんて言い方も、子どもには通じません。

言い方としては、その逆を行くべきでしょうか。子どもが何かに興味を示せば、「それには、こういう勉強しないとね」のひと言でＯＫです。

そこで積極的になれば、もっと聞いてくるでしょうし、聞いてこなければ、そこまで響かないものだっただけです。親のせいではありません。また次がありますから。

日々、そこら中に、何かを学びたい、勉強したいというきっかけの種は転がっています。

4 不要な勉強を捨て、やるべきことに集中させる

学習に臨む前に、子ども自身の「自分から学ぶ」意欲がいかに重要か、またそのた

めには親の与える環境がいかに大切かを書いてきました。

私は目的意識を持って積極的に勉強に取り組んでいる生徒には、部分的にアドバイスする程度にして、極力、手出し・口出しをしないようにしています。

放ったらかしではありませんが、その子なりのリズムがあり、マイペースで機嫌よくやっているのです。たとえ間違っても、自分で気づいて修正できます。必死に試行錯誤して覚え、身につけたものをまた忘れ、そしてまた勉強し直す。そういう経験の中から、効率のいい自分なりの勉強スタイルを構築していくのではないでしょうか。

事実、私の教え子の中でも、突出してできる生徒、本当に頭がいいと言われる生徒たちは、誰かに言われた勉強法ではなく、こうした自分なりの勉強スタイルを持っていることが多いのです。

まずは不要なテキスト類を捨てる

さて問題は、意欲的に勉強に取り組めていない、圧倒的多数の子どもたちの場合です。

一つの典型的なパターンとして、親が山のように問題集や参考書を買い集めてきてしまうことがあります。

子どものためを思って、あれやこれやと評判のいいものを探してこられるのですが、あまりたくさん買い込むのは危険です。

勉強の軌道に乗っている子ならいいのですが、そうでない子からすると、それらを目にするだけでもしんどいのです。**あまりの量に圧倒され、しまいには、やる気がどんどん失せていきます。**

「やることが多くて、しんどそう」「見た目にも難しそう」と子どもたちも勝手に悪い方に考えてしまうのです。

こういう場合は、**不要なテキスト類を思いきって捨ててしまう**ことです。

重要な核となるものを、〝これ！〟とベースに据え、やるべきことに集中させます。そうすると、**目先の標的（ターゲット）がはっきりし、子どもも「まずは、それだけ取り組めばいい」となるので、勉強するようになっていきます。**

実際、私の教え子にも、この「不要なテキストを捨てる」を指導した結果、「迷わず勉強に集中でき、よい方向に進めた」と、たくさんの保護者の方から聞いています。

算数の例で紹介すると、次のように、塾のテキストをベースにし、演習用と過去問は〝必要なもの〟として残し、残りはすべて処分してもらいました。

6年生上級レベル

- 塾のテキスト
- 中学への算数（東京出版）
日々のチャレンジ演習・合格へのチャレンジ演習（現『合格へのチャレンジ演習』）
- 過去問

6年生中級レベル以下

- 塾のテキスト
- 応用自在　算数（学研）
- 過去問

5年生

- 塾のテキスト
- 応用自在　算数（学研）

●でる順過去問　計算（旺文社）

これはあくまで算数の一例です。塾に行っている子ならば、その塾のテキストに集中して取り組むよう指導してください。

私が相談を受けた多くは浜学園の生徒でしたので、浜学園のテキストをベースに取り組むよう指導しました。関西ではダントツの実績を誇る塾です。全科目のテキストが優れているのですが、とくに、算数の基幹テキストは秀逸で、わかりやすく体系化して書かれています。これだけで受験を乗り切った生徒も多くいました。

できる生徒は、あれこれ余計なものに手を出しません。勉強に限らず、習い事など、何事も優先順位をつけて、やることを絞り込んで、それを徹底的にこなしていきます。

なかには「先生、もったいないので捨てるなんてできないです」などとおっしゃる方もいますが、どうしても捨てることに抵抗があるのなら、ひもで縛ったり、段ボール箱に入れて別の場所にまとめてしまっておいてもOKです。

最低限、取り組むテキストしか子どもが見ないようにしておくのです。**分量で圧倒**

されてしまい勉強意欲をなくさないようにすることが目的です。

どうしても勉強熱心なお母さんたちの中には、そのしまっているテキストを早く消化してほしい、早く次のものにも取りかかってほしいと、焦りが出てきます。気持ちはよくわかりますが、そこはグッと我慢です。

ベースとなるテキストの選び方

ここで、残すべき「ベースとなるテキスト」の選び方を紹介します。

一人で根気強くできる子どもなら、ベースとなる問題集は、解答・解説が本の半分くらい占めているような、内容がガッチリ詰まっているものがいいでしょう。

オススメは、先に挙げた『応用自在』シリーズ（**学研**）**です**。解説も問題も充実している一冊です。6年生なら超難関校手前までなら対応可能です。4年、5年生でもじっくり取り組めます。

『応用自在』に限らず、最近は昔と比べて、解説が丁寧に書かれているものも多いですから、自宅でも十分に学習可能です。

当然のことながら、テキスト購入の際は、実際に現物を見せて、子どもの意見も半分は聞いてください。大人の勝手で「これはいい！」と思っても、実際にそれを使うのはお子さんです。**大人目線である程度選んであげて、選択肢をつくってあげてください。**それから、お子さんの意見や理由などを聞きながら決めていくことです。

すると、**子どもに「自分で決めた」という自覚を持たせることができ、意欲を与えていくことができます。**

しかし、勉強が苦手なタイプの子どもの場合、前述のようなテキストは、「分厚くて無理〜」と、ますます勉強嫌いに拍車がかかってしまいます。

そういう場合は、極力分量の少ないものを使用するといいでしょう。早く一冊がやりとげられるような、比較的ページ数が少なくて、厚さが薄いものを選んでみるといいでしょう。

さらに、難易度も抑えてください。いくらページ数が少なくても、絶対に子どもがこなせないような難しいものだと、それを選んだ意味がなくなるからです。

算数が苦手な子向けのオススメは、『受験算数の裏ワザテクニック』（文英堂）です。これは読みやすい。まずは**鉛筆を持たずに〝読んで〟みてほしい**です。シリーズは他に「図形編」「続」の計3冊ですが、子どもが好きな面白い解き方も紹介されています。

では、なぜ少ない分量でやさしいものを選ぶのかというと、なるべく**早く一冊を終わらせて、子どもに達成感を与える**ためです。

達成感によって、子どもは非常に喜びを感じます。

次へのステップが踏めやすくなるうえ、

「次もやってみよう、他のもできるのではないのかな?」

と、今まで感じなかった感覚を得て、能動的にさせるのです。

5 学習前に「今日はどんなこと習った?」と聞いて、授業内容を思い出させる習慣を

お母さんやお父さんたちは、子どもが学校や塾の授業で習ったことを、きっちり頭に入れてきているのか気になる人も多いでしょう。

「うちの子、ちゃんと聴いていますか?」と私もよく聞かれます。

しかし、先生に直接聞けない人もいるでしょう。また、保護者の方がショックを受けるような話は、オブラートに包んで先生から伝えられるでしょう。授業態度はお利口さんでも、授業内容が頭に入っているのか気になると思います。

そんなときは、お子さんに**「授業で、どんなことを習ってきた？」と聞いて確かめてみる**のも一つの手です。

実際に、入塾して間もない生徒の保護者の方にオススメしている方法ですが、口頭で聞くだけなので、日々簡単にできることです。

学習内容を整理でき、授業もちゃんと聴くようになって一石二鳥

子どもは「どんなことを習った？」と聞かれると、その内容を思い出そうとします。その日のことですから、聞いていれば頭のどこかに残っているはずです。すぐ答えることができたら、記憶としてインプットされていることになります。

必死に思い出そうとすることにより、混在している頭の中の記憶が整理され、より強固な記憶として子どものものとなります。

また、継続的に聞かれると、子どもはまた聞かれると思い、授業中おろそかな聴き

方をしてこなくなります。**「頭の整理ができる」し、「授業中ちゃんと聴くようになる」し、で一石二鳥の方法**なのです。

とは言っても、そんな素直に子どもが答えてくれるのか不安ですよね。

あるお母さんは、州崎先生の言う通り、ためしに「どんなこと習った？」と小学4年生の娘に聞いたら、「別に……。フツー」と一蹴されて、「会話が続きませんでした」と言っていました。

時には「何なの？　急に」「めんどくさい」と返されてしまうこともあるでしょう。

でも、たとえ素直な返答がなくても、怒らないことです。ここで怒ってしまっては、次に聞きづらくなり、すごくハードルが上がってしまいます。

目的は「子どもに勉強の意欲を持たせたい」ということなのですから、子どもを勉強の入り口に来させるまでは親子バトルは我慢。一、二度答えてくれなかったくらいで諦めたりせず、継続して聞き続けることが大切なのです。

授業中の周辺情報を質問するのも手

ところが、どうしてもお母さんやお父さんたちは、この手の質問をするとき、ほぼ取り調べのような聞き方をしてしまいます。そして、気になっている勉強の話ばかり聞いてしまいます。

親が知りたいのは、子どもがちゃんと授業を聴いているかどうかですから当然ですが、聞き方には少し工夫が必要です。

授業内容からではなく、周辺事項から〝攻めて〟みるのです。「授業内容＝勉強＝子どものイヤなもの」ですから、勉強以外のことから聞いてみるのです。

たとえば、「今日○○先生は何か面白い話してた？」と、その授業の先生の話しぶりや格好であったり、授業中の出来事であったりを聞いてみるのです。

勉強以外のことなら、案外子どもたちは面白半分で話しだしたりしますよ。

「授業中、○○くんが先生に怒られていた」

「先生が、今日はこんな面白い話してたよ」

などなど。

「先生があの話をしていたときの問題だ！」と記憶に雑談を紐《ひも》付けさせる

「うちの子が、〝州崎先生が今日、こんな話をして、みんなが大笑いしてた〟と言ってました」

という報告を時々お母さんたちからいただくのですが、子どもに聞いた話から〝授業の印象〟や〝授業中の雑談〟が出てきたらしめたものです。

「えっ、いくら授業中の雑談をよく覚えていても、授業内容を覚えてなければ意味がないのでは？」

そう思われるかもしれませんが、実は、勉強以外の話の記憶にも意味があるのです。

私の授業では、毎回雑談を気合いを入れてしています。それは、**授業内容に雑談をメモリーツリーのように紐《ひも》付けさせる**ためです。

子どもたちは、雑談を非常に楽しんで聴いていますから、その記憶を利用するのです。

「あの話をしていたときの問題だ！」と、子どもの頭の中でセットで記憶されているのです。

もちろん、お子さんへの問いかけは雑談でなくても構いません。その授業中の話なら、なんでもいいと思います。

要は、**授業中に聴いているかどうかのチェック。本丸（授業での学習内容）を落とすには、外堀（授業中の周辺情報）から埋めればいいというわけです。**

親が期待するような答えが返ってこなくても、焦ってはいけません。授業自体を印象（空間）で捉えさせ、思い出させるのです。決して、取り調べ感が出ないようにすることを忘れずに。

「あはは、その先生のダジャレ、ウケるね〜」などと、たとえ勉強と全然関係のない話でも、お母さんのリアクションがいいと、子どもは一生懸命お母さんに話すようになります。

いつも話を面白がって聞いてくれると、子どもも自分から授業中の話をお母さんに報告したくなります。

お母さんが見ていないときのことを知ってもらえる、そんな安心感が生まれて、より一層、授業を頑張って受けるようにもなっていくのです。

そして、聞かれる前に子どもから授業で習ったことを教えてくれたり、「クイズです。日本で一番長い川は何でしょうか?」などと、習った内容から反対に質問をぶつけてくるようになれば、もう安心です。知らず知らずのうちに、勉強に積極的になっている証です。

6 子どもに「勉強の話」ばかりしていませんか? 子どもは「お金の話」に食いつきます

子どもは、不思議なもので、流行りのクイズ番組の問題は必死に考え、興味をもって楽しんでいるのに、学校や塾の勉強となると、楽しんでいません。やはり、仕方なく取り組んでいる感じです。

同じ内容でも、「勉強」と思うと、途端に思考停止してしまうのです。

算数の特殊算も「お金のクイズ」にすれば、こんなに面白い

私は算数を指導していますが、新しいことを習う導入授業では、よくお金の例を挙げて説明します。

なぜなら、たいていの子どもは、お金の話が大好きだから！

人前でお金の話をするのは、はしたないと思う大人と違って、子どもは平気でしますし「損得」に敏感。「10％割引と10％ポイント還元、どっちが得や？」などとお金の例を挙げると、算数が苦手な生徒でものってくれます。

「勉強」として切り分けられるとイヤになるけど、リアルで身近に感じられるお金の話なら受け入れやすいということなのです。

ためしに、等差数列（小4レベル）の授業の導入を紙上で再現してみましょう。

お母さんを騙して、お小遣いを少しでも多くもらおうぜ！　というテーマです（笑）。

「お母さんに〝テストの点が悪かったから、今月の小遣いは罰として1000円ね〟と言われたとしよう。普通なら、〝え？　最悪！〟と思うところだが、お母さんにこ

う言ってみる。

〝わかった。テストの点数が悪かったのは反省する。そんな僕が1000円ももらうなんて悪いわぁ〜。だから、1円ずつでいいよ。これは自分へのケジメやから〟と超反省したことにしておく（笑）。

この〝1円ずつ〟というのがポイント。1日1円とは言ってない。1円ずつな。つまり、1日目は1円、2日目は2円、3日目は3円……という意味。1円、2円だとお母さんは金額が低すぎて、すぐ気づかないいんやな〜、これが。

1日目1円、2日目2円……31日目31円　合計496円

まだまだ1000円より低いから、お母さんは安心する。というか、もう忘れてるかも。

2か月目に入っても、32日目32円、33日目33円……と1年間続けていければ、

365日目365円　合計6万6795円（笑）

はじめの1か月1000円×12＝1万2000円より断然儲かっているのだ。

もちろん、ほとんどのお母さんに途中で気づかれるから、ほんまは無理やけど。以前、これをマジで試して1学期の間、粘ってやってたヤツがいた（笑）。約4か月だ

から儲かっていたのに惜しい〜。ちなみに、67日目から儲かる計算。それを示してみる」（と、ここから授業へ）

やりとり算（小4レベル）の授業の導入は、ちょっと騙されてしまいそうな話です。「友達B君と二人でマクド（マック）に行ったとしよう。二人で500円ずつ出して、あれやこれやと頼んで、ちょうど1000円。二人でワイワイ言いながら、食べ終わって帰るんだけど……食べた分のお金を精算する。

Bはよく食べる子。ざっと600円分食べていたんやけど、自分はこの食いしん坊Bからいくらもらえばいいか？

普通に考えたら100円ってわかりそうなんやけど、こう言ってみると案外騙されてしまうから気をつけや！

〝(頭が働かんように、口にほうばっている最中に狙われているB君)なあ、B君。600円分食べたやんか？　俺は400円分やから、B君の方が200円分多いから200円、あとでちょうだいな〟

と言うと、まああの確率で〝うん、わかったー〟って答えるはず（笑）。200

円ももらったら得してることになるやろ？　この人。

５００円払って２００円返ってくると、結局３００円だけ払ったことになる。けど、実際は４００円分食べたんやからな。１００円得するっていうわけ。言っとくけど、これは騙す方法を言ってるんやないで。騙されんように気をつけるんやでっていう話な！

差の捉え方は、場合によっては難しい。だから、やりとりの問題は、なるべく和に注目すること」


（ここから、やりとり算の授業へ）


いかがでしたか。算数の問題を楽しんでいただけたでしょうか。

低学年でも、たとえば割り算を習いたての子どもたちは、割られる数、割る数と言っても、正直あまり意味がありません。どっちが割るで、どっちが割られるのかを、苦手な算数で考えてしまうのです。

もちろん、算数の授業ですから算数的思考でいいのですが、苦手な生徒からすると話は違ってきます。急に、こっち（教える側）の常識が通用しなくなります。

それが大好きで、よりリアリティを感じられるお金で考えると、面白いようにスイスイ解いていく！「それならわかる！」と言ってくれます。

以前、低学年のクラスで、２÷４＝２と平気で答えてしまうような生徒が、「２万円を４人で分けたら？」と聞くと、即答で「一人、５０００円」とちょっとドヤ顔で答えました。

「お金の数え方は、ちゃんとわかるんやね～」と、その生徒と大笑いした次第です。

実は、私も計算をするときは、時々数字の後ろに「円」をつけて計算します（頭の中での話なので、今まで誰にも気づかれてないはずです）。そうすると、若干計算が早く出せている気がするのです（笑）。

気がするだけかもしれませんが、計算が苦手なお子さんに、一度ぐらいは試してみる価値はあるかもしれませんよ。

勉強と思わせないで、ゲーム感覚にするのがコツ

お金に限らず、普段の日常生活の中で学習要素を取り入れるのもいいと思います。

先ほどお話ししたように、「将来パイロットになるには、算数ができなあかん」と父親に教えられた私は、小さい頃から算数が好きでした。

今考えると、父親の仕掛けとまで言いませんが、うまい持っていき方で、自然に「算数好き」「算数得意」になったのかもしれません。

よく子どもの頃、父親が運転する車の助手席から、追い越していく**車のナンバーにある4つの数を足したり、かけたりする遊び**をやっていました。ルールはたしか、追い越した車のナンバーは足し算で、追い抜かれたら引き算。その計算結果を、そろばんが得意だった父に、口頭で答え合わせしてもらっていたのを覚えています。

この遊びは父が、「ほら、前の車のナンバーを足したらいくつになる?」と言って、ゲーム感覚で始めたのがきっかけだったのです。

そこには学習机や文房具があるわけではありませんが、自然と楽しく学習するような状況がつくられていたのです。特殊な場合を除き、学習することなんて本当は机がなくても、どこでもできるはず。ところが、〝勉強〟という世界に足を踏み入れると、子どもは急に思考の自由を失います。

子どもに勉強をさせたければ、逆説的ですが、なるべくそれを〝勉強〟と思わせないことも大事なのです。自然と考えようとする、そんな環境づくりの工夫をしていく必要があるでしょう。

7 あいさつは「聴く」準備。これができない子は授業を受け身で聴いている可能性大！

あるテレビ番組で、東大生にアンケート調査を行い、「親に感謝していること」の上位3位に、「挨拶をしつけられたこと」が入っていました。

俗に言う、「勉強ばっかりして、挨拶もろくにできない」とはなっていないようです。

私も実際、長年多くの生徒を見てきて、「挨拶ができない子」と「成績が振るわない子」に関係性があるように思います。

勉強する姿勢という観点から見ると、**挨拶ができない生徒は、成績がよくない割合が高い**のです。

挨拶のできる子とできない子では、まず授業中の話の聴き方に違いがあります。

挨拶ができず無愛想な生徒は、総じて授業中の覇気がありません。おとなしいという意味ではなく、授業が受け身なのです。

授業中の先生の話を、まるでBGMのように聞いている。つまり、一方通行のコミュニケーションになってしまっているのです。

授業の基本は「聴くこと」から始まりますから、聴く態度が「受け身」な生徒が、能動的に学習に取り組めるはずがありません。よって、授業だけでなく、**勉強も受け身になります。**

しかも、このタイプの子どもは、得てして**自分の言葉で表現することが苦手です。言いたいことを順序立てて話したり、理路整然と整理して相手に伝えることができません。**

あいさつができる生徒は、授業態度も能動的

反対に、挨拶ができる生徒は、人とコミュニケーションができる。授業中の態度も

能動的で、顔の表情、とくに目でしっかりと意思表示ができます。

これは、生徒にとって有利です。先生も人間ですから、「打てば響く」ような受け答えをする生徒には「もっと教えてあげたい」と思うもの。受け身の生徒より、積極的に取り組む生徒のためには何とかしてあげたいと思うものなのです。

たかが挨拶ですが、人の話の聞き方や授業の受け方にもつながるものだと理解しておいてほしいです。

8 その他、子どもをやる気にする「親の心の準備」

最後に、保護者の方からの要望で一番多い「子どもをやる気にする方法」、子どもからやる気を奪わないための親の「心の準備」をまとめておきましょう。

前に述べたように、子どもを一人で放っておくのもよくないですし、逆に横に付いてベッタリなんて最悪です。これは普段の子どもたちの言葉を借りると、「マジで、邪魔！」。まるで監視されているように感じるからです。

放っておくと「自分たちに興味がないんだ」と思い、いざというときに心を開いてくれません。

時々やってきて、自分たち目線で話を聞いてくれて、かつ本音で話してくれると感じると、子どもと自然に信頼関係が築ける、ひいては自然にやる気になるということです。

これは、私が生徒への接し方として実践していることでもありますが、お子さんの思いや悩みなどを聞き出す場合にも有効ですから、ぜひ、ご家庭で意識していただければと思います。

２ 子どもに上からものを言わないこと、ある程度の遊び（自由度）を与えること

当たり前ですが、子どもは押さえつけられると反発します。

大人と違って反発の仕方がわかりませんから、その反発の表れ方はさまざま。はっ

きり「NO」と言える子はいいのですが、黙ってしまって我慢したり、すねてみたり、萎縮してしまったり、無気力になったり……。最終的には大人を困らせて、大人を怒らせるという最悪な展開になり、ますます心を閉ざしてしまうことになるでしょう。

そして、ある程度の遊びを与えるということですが、これは、強制力に幅を持たせること、と言い換えてもいいかもしれません。

たとえば「〜をしよう」と課題を与える際にも、必要以上に細かくルールを設けたり、あれこれとうるさく言ってはいけません。

指示は簡単に、わかりやすく。あとは、ある程度自由にさせることが重要で、少々の時間オーバーや間違いをうるさく言わないことです。

断っておきますが、これは甘やかすということではありません。ある一定の課題に自分で取り組めるかどうかが大事であって、成功・失敗はその後の課題です。

もっと言えば、課題は取り組み続けないと意味がありませんから、**興味を持って何かを学ぼうと動き出した子どもに、いちいち厳しいノルマやルールを与えるのはまだ早い**ということです。

3 学習ノルマを課すのではなく、スモールステップの目標を与える

やる気を引き出す仕掛けは、大人である私たちが作るもの。段階的で明確な目標設定を作ってあげることです。

目に見える（手の届きそうな）目標を与えていくといいと思います。

一つ注文をつけるなら、「これを○日までにやること」とか「一日に○ページ進めること」などとノルマ化し、いかにもお子さんに「与えている感」を気づかれないようにすることです。

「勉強させられている」と思うと、せっかくのやる気が失せて、受け身になってしまうことにもなるので、少しだけ注意してほしいのです。

4 できた・できなかったの「結果」より、知った・わかったの「楽しさ」を優先する

今の子どもたちの親世代は、「勉強を楽しく！」なんて言っていたら笑われていたかもしれませんが、時代とともに子どもが勉強する環境は変化しています。

今まで多くの受験生を見てきて、楽しんで勉強している生徒が、飛躍的に成績が伸

びていくのを目《ま》の当たりにしてきました。

できた・できなかったという結果より、知った・わかったという成長に楽しさを感じ、できなかったときは悔しさを覚える。その**楽しさから芽生える、また知りたい・学びたい気持ちが、大人の想像をはるかに超える子どもの成長を見せてくれる**のです。

自分がもっと成長できるように、と自ら進んで学ぼうとする力は頭だけでなく、同時に心も育まれていくのではないかと思います。

ところが、大人たちはつい子どもを厳しく指導し、結果を求める方に傾きがちです。

ここで**「成長を待つ時間」をほんの少しでも持ってみてください**。そして「楽しさが持つ大きな力」を子どもたちに与えられるようにしてあげてください。

それは、子どもたちに自発的に学ぼうとする大きな武器を与えることになるのです。

大人が強制させることなんかより、比較にならない成果が、きっと出てくるでしょう。

道具編

9 できる子は勉強道具をおろそかにしない！やる気は「道具の扱い」に表れる

イチロー選手がバットやグラブなどの道具を大切にすることは有名ですが、スポーツ選手に限らず、一流の人は仕事道具を大切に扱うものです。

同様に、**勉強のできる子、意欲的に取り組んでいる子に、勉強道具を粗末に扱う子は非常に少ない**と言えます。鉛筆や消しゴム、ノートやテキスト類をみんな丁寧に、大事に使っています。

反対に、筆箱の中に必要なものが揃っていなかったり、（主に女子の場合ですが）マスコットやチャラチャラと音がする飾りのついたペンを持って来たりしている子は、成績が上がらない傾向にあります。

それは、**「勉強道具」に子どもの勉強に対する意識が表れているからです。**

勉強道具とやる気・成績の関係

平気で筆記用具を丸ごと忘れてきたり、もう余白が切れる寸前のノートしか持って来ないような生徒が、勉強する気があると思いますか？

「ノート、切れました。代わりのノートがないので、どうすればいいですか？」と授業中に聞いてこられたときは、怒りを通り越してあきれてしまいます。

単純に使い方が汚いとか、もったいない使い方をしているということではなく、勉強道具も重要なアイテムなんだという意識が、やる気や成績にも反映されるのではないかと思います。

とくに受験生にもなれば、頻繁にテストを受けることになります。

1本しかシャーペン（シャープペンシル）を持っていないため、芯を出すためにずっとカチカチ押している、小さくなりすぎた消しゴムがどこかに転がっていってキョロキョロして落ち着きをなくしているなど、筆記用具がまともに揃っていない生徒がいます。そういう生徒の多くは、やはり成績もよくありません。

授業だけでなく、テストを受ける前にも筆記用具の確認なんて当たり前。なのに、ただの忘れ物のように考えてしまうと、まず直りません。

目的（授業やテスト）のために何が必要かを、家を出る前に確認する習慣をつけていくのは基本中の基本と思っておきましょう。

10 綺麗なノートの落とし穴――間違いだらけのノートの使い方

まずノートですが、教科や単元によって重要度に差があると思いますが、基本的には**「ノートはテキスト（教科書）よりも大切なもの」**と私は思っています。

ほとんどの文房具は消耗品ですが、ノートは消耗品のようであって消耗品ではないということです。

そして、このノートという存在は、子どもの授業の受け方すら変えてしまうもの。

授業中に勉強ではなく、ノートづくりの職人と化してしまう危険性があるのです。

ノートの扱い方・利用の仕方を、時間をかけて目的から丁寧に子どもたちを指導する必要があります。

小学入学時からノートを使っている子どもたちには、「知ってるよ、そんなこと」と言われそうですが、それほど間違った使い方をしている子どもたちが多いということです。

「テキストよりも大切なのは授業ノート」という意識を持っているか

私は自分の生徒によく、

「もし、一刻も早く逃げ出さないといけないような大変なことが起きた場合、一つだけ教室から持って出るとしたら、君たちは何を持っていく？　テキスト？　ペン？　そんなもんはあとから買える。何よりもこれ（**授業のノート**）を持っていかんと！」

と伝えています。

少々オーバーな言い方かもしれませんが、テキストよりも格下と思われているノートこそが、最重要アイテムなんだと意識付けしたいからです。

テキスト類や筆箱などは、なくしたり壊れたりしても再度購入できます。

しかし、授業のノート、とくに自分自身がわかりやすいようにまとめ、先生の授業内容を凝縮させて書き留めたノートは替えが効かないものです。この世にたった一つのノートのはずです。

後から見返して、たとえ未熟なものに見えていても、それは自分の成長を目でしっかり確認できる最高の指針となるもの。「当時、自分はこんなことを習っていて、どこまで理解できていた、こんなことができなかったんだ」とわかるものです。

この**「振り返り」が勉強するうえで大事。72ページでも触れましたが、勉強には、「実行」と、その見直し（反省）をセットで行う必要があるからです。**

やりっぱなしでは成果がわかりにくいし、修正も難しくなります。また、ノートを通じてその子のことがよくわかるというメリットもあるのです。

よって、（病気などで授業を休んだときではなく）普段の姿勢として、「誰か友達にノートをコピーをさせてもらえばいい」という安易な考えを持っているならば、それは論外なのです。

ノートにコワいほど表れる「勉強への意識の高さ」

意識の差は、「ノートの扱い方」にも表れます。

先ほど例に出したように、もうすぐ使い切ってしまいそうなノートがあれば、意識の高い生徒は、事前に気づいて次のノートをスタンバイさせておきます。

勉強への意識の低い生徒は、そんなのお構いなしで放ったらかし。授業中に平然と「ノートなくなりました」宣言をしてくるケースです。

意識の低い生徒たちに共通するのは、「幼児性」です。

たとえば、授業中でもお構いなしに突然関係のないことをしゃべりだし、叱責されると声を出してワンワン泣きだす。宿題などの提出物を一切出さず、まるで自分にはまったく関係ないもののようにふるまう。いつも指を触って、自分の世界に入っている、など。明らかに、これらの〝症状〟の生徒達は、他の生徒より幼稚さは否めません。

ノートを雑に扱うだけではなく、忘れ物が多い、遅刻が多い、バッグを開けっぱなしなど、幼児性が抜けない様々なところから成績の伴わない子どもになってしまうのです。

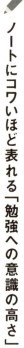

もし、お子さんに思い当たることがあれば、その「クセ」が解消されるまでは、気をつけて見てあげてほしいと思います。

ノートの選び方ですが、最近は子どもの興味をそそる楽しいキャラクターのノートがたくさんあります。

「どうしても、そのキャラクターじゃないと勉強を頑張れない」というのなら仕方がありませんが、できるだけ、そのノートは「勉強以外」の用途で使ってください。

成績のいい子どものキャラクターのノート使用率は、やはり高くありません。

「勉強用」と「勉強以外」でメリハリをつけられるかどうかは、成績にも表れてきます。

「見やすいノート」＝「綺麗なノート」ではない

次に、ノートの使い方です。

教科によって使い方が多少違ってくるでしょうが、できる子どものノートの特徴は大まかに言って3つ。

まず1つ目は、見やすいこと。つまり、わかりやすいもの。2つ目に図や線がフリーハンドで書かれていること。3つ目に、先生の板書《ばんしょ》を取ったもの以外に、重要な情報やポイントなどが書き込まれていること。

以上です。どういうことか、具体的に説明しましょう。

① 見やすいこと

見やすいとは、単純に綺麗なノートではありません。色使いや字の大きさが程よいものです。一色に偏っていたり、文字が一定の大きさでまとまっているものです。

ここで注意しておきたいのは、決して字の上手、下手ではないということです。字をマス内にきっちり収めようとしているノートも見かけますが、とくに低学年の子どもは手先が不器用。**小さなマスに収めようとすると、書くことに気がいってしまいます。**そこそこ読めれば十分なので、「字が汚い！」などと叱らないでやってください。

ここで、赤ペンの話を少し。

答えを間違えると、赤ペンでダラダラとノートに答えを書き写す生徒が多いのですが、これほど時間もインクも無駄なことはありません。

さらに「書き写すこと」にほとんど効果なんてないですし、そのような生徒は基本的に間違えた答えを書き写すのがクセになっていて、何度注意してもなかなか直らないものなのです。

ノートに答えを写すことで、「勉強をしている」という錯覚と満足感を得てしまっているということです。


見やすいノートの特徴は、ページ全体に、書いている部分と余白とのスペースのバランスがいいということです。

そのようなノートは、「ひと目でどこに何が書いてあるのか自分でわかる」。まさに見やすいノートというわけです。

②図や線がフリーハンドで書かれていること

学校では、定規《じょうぎ》を使って図やグラフを丁寧に書くよう指導されますが、「綺麗なノート」にこだわると、肝心の授業の内容が頭に入りません。

だからといって、定規を使うのが面倒くさいからフリーハンドで書いたノートでもいいかというと、もちろん違います。

定規などを使わなくても、図や線が大胆に書けるということがポイントなのです。

そして、ノートから見抜くのは難しいですが、それを素早く書いているか。大胆に書く意識が、素早さをアップさせます。

いくらそこそこ綺麗に書けていても、時間がかかっていては意味はありません。ましてや授業中に時間がかかっていると、まるでノートを書くことが目的となってしまっています。

このような**ノートをとるのに時間がかかる生徒は、授業のペースについていくのがみんなより少しずつ遅れていきます。**

授業を進めていく中で板書を消していくときに、「先生、消すのちょっと待ってください」と叫ぶ生徒は例外なくこのタイプ。日頃から「フリーハンドで！」と口をすっぱくして言われても、直せずそのまま定規を手放すことができないのです。

自分のノートを綺麗な作品に仕上げたいのでしょうね。残念ながら、時間が限られた授業ではそれは、大きな足かせとなって、受講の効果が半減してしまいます。

③ 板書の内容以外に重要な情報やポイントが書き込まれていること

「ノートに書くこと＝板書を写すこと」ではありませんが、そう認識している子どもが大半です。

無理もありません。子どもたちは小学校入学と同時に、先生から「黒板をノートに写す」と指導されてきているのです。

授業の手順としては間違いではありませんが、「板書をノートに写す習慣」が小さい時分からたたき込まれることによって、「ノートは写すものだ」という感覚が身にしみついてしまっているのです。

生徒の中には、教えられなくても、授業中に先生が発した言葉や内容を素早くメモし、本来のノートの役割を持たせようとする子もいます。しかし、多くの子どもたちは、ちゃんと教えないと、このしみついた殻《から》からの脱皮は難しいのです。

授業のノートには、**自分のそのときの考えや解き方を目に見える形で残すこと、そして授業の板書だけでなく、先生が放った空気の振動として消えていく言葉の情報を拾っていくこと**です。

なかなか難しいことかもしれませんが、それができるのは、やっぱり目的意識の高い生徒に多い。私の経験上、今まで見てきた中で、それができる子の割合は女の子が多いです。やはり、小学生までのうちは、男の子より女の子の方がそういう意味では大人だということなのかもしれません。

11 鉛筆はシンプルに、5色のペンを使って図形はカラフルに

前にもちょっと触れましたが、筆記用具一つにも勉強に対する「意識」が表れ、効率も変わりますので、何を選ぶかが大事です。

鉛筆・シャーペンは、「集中力が乱されないもの」を使う

最近は、鉛筆を使うのは学校だけで、学校以外ではシャーペンを使う子どもが多いです。

鉛筆はデザインが限られていて、なんとなく「ダサい」イメージのようです。シャー

ペンの方が様々なデザインがあり、機能も充実していてテンションが上がると子どもたちは言います。

勉強に対してのモチベーションが上がるなら、私は何でもいいと思う方ですが、一点だけ注意をしたいことがあります。

それは、キャラクターの飾りがペンの頭にぶら下がっているものは、勉強道具としては不適当だということです。

授業中に使っている生徒が時々いますが、周りの生徒からすると授業に集中できず、正直邪魔になるのです。飾りがカタカタ、コンコンと当たってイラッとさせられることも多く、子ども同士でもケンカになるほどです。

周りの迷惑になるだけでなく、使っている本人だって気が乱されてしまいます。

勉強には「集中力」が必要なのは言うまでもありません。カタカタ、コンコンという音だけでなく、揺れる物体がいちいち目に入りますから、普通の子なら気が散って当然です。

ちなみに、そのタイプのペンの使用率と成績は、やはり反比例していると感じます。

私も学生時代はシャーペンを使っていましたが、ここ10年以上は専ら鉛筆です。鉛筆は先が丸くなると字が太くなっていきますが、それも書き味ですし、軽さと折れない安心感があります。

あと、サラサラと紙の上を鉛筆が走るときの音。この音に落ち着きます（先ほど紹介したペンの飾りがチラチラ揺れて、カタカタ当たる不規則な音とは明らかに違います）。

おそらく子どもたちの中にも、鉛筆を走らせる音で気分が落ち着き、勉強がはかどるという子がいるのではないでしょうか。

カラーペンで学習内容を〝視覚化〟する

教科によらず、「黒以外に最低限3色は必要だ」と私は生徒に言っています。

赤、青、そして黄かオレンジの蛍光ペンです。

色を使うのは、ノートをカラフルに彩るためではありません。

視覚的に内容を頭に入れやすくするためのもので、色ペンを上手に使うことにより無駄な筆記が不要になってきます。

赤と青に関しては、0・5ミリぐらいの細いボールペンを持っている子どもが多いですが、できれば1ミリぐらいの若干太めのものも同時に揃えておくと便利です。

私は図形を書くことが多いので、板書は最低5色。赤、青、黄かオレンジに、緑色をプラスした感じです。感じと書いたのは、黒板かホワイトボードかで色は変わりますし、「絶対、この色でなければダメ！」というものでもないからです。

お伝えしたいのは、単元にもよりますが、図形や図を書くとき、「カラー」が非常に重要な役割を果たすということです。

たとえば、図形や立体の問題を私が板書するとき、「三角形ABC」や「四角形DEFG」、「角EDA」など、**問題に記されているアルファベットをほとんど書き入れません。**

理由は、図形が複雑になってくると、それだけアルファベットもたくさん必要になり、間違いなく図が見にくくなるからです。

算数の苦手な子は、その「記号がいっぱいの図」を見ただけで、もう難しいと錯覚して思考が停止し始めます。考えることを放棄し始めた頭は、もうそれが完全に図ではなく「絵」になってしまうのです。

「辺DBって、えーと点Dと点Bは？　どこ？」とならないよう、**少しでも問題をひもとく手助けをしてくれるのがカラーです。**

アルファベットを書かない代わりに、色ペンや蛍光ペンで見やすくします。

多くの図形問題のパターンを習得していく際、それを繰り返すことにより**視覚から頭に入れていくことができます。何本もの線が存在する複雑な図形問題でも、その中に隠れている解くために必要な図形のみが、徐々に読み取れるようになってきます。**

勉強が苦手な生徒からすると、じっと鉛筆を握っているより、ペンを持ち替えるという動きがある分、頭も働きます。


カラーを使うもう一つの理由は、この子どもの不要な負担が減るということです。

子どもは案外、アルファベットを目で追いかけられないものです。

したがって、私は算数が苦手な子でも問題がわかるよう、アルファベットを目で追わせないようにカラーを利用しています。

同じ長さや平行線、角度や面積など色で対処すると、「問題となるアルファベットを目で追いかける」という必要がなくなってくるので、相当子どもの負担が減るのです。

それに、子どもたちは、アルファベットをよく聞き間違えます。子どもに限らず、普段から英語に触れない、また発しないと違いが聞き取れないわけですから、至って当然かもしれません。


たとえば、問題文に「辺DB」とあれば、私の読み方は「へん、デーブー」です。Bは「ブー」、Dを「デー」。「ふざけているのか！」と言われそうですが、思いっきりマジです。

「ディー」と「ビー」はとくに聞き間違えやすいので、「デー」「ブー」が子どもにとっては違いがよくわかるのです。


英語の発音は、英語の時間に任せます。現に、「教育上よくない」と保護者や生徒から文句がきたことは一度もありませんし、子どもたちからは「こっちの方がわかる」と言ってくれていますし、楽しい雰囲気で授業を聴いてくれています。

「難しい、わからない算数」の負担が少しでも減り、解きやすくなればいい。こうした〝視覚化〟による〝負担軽減〟が大きな前進のきっかけになるはずです。

通常の解答と解説例

三角形BCOと三角形CDOは高さが等しいから、

BO：DO＝（三角形BCOの面積）：（三角形CDOの面積）＝15：24＝5：8

また、三角形ABOと三角形DAOは高さが等しいから、

（三角形ABOの面積）：（三角形DAOの面積）＝BO：DO＝5：8

よって、三角形DAOの面積は$5\times\frac{8}{5}=8$（㎠）

アルファベットが多く書かれているためわかりにくく
子どもにとってはしんどい

こうすればひと目でわかる！

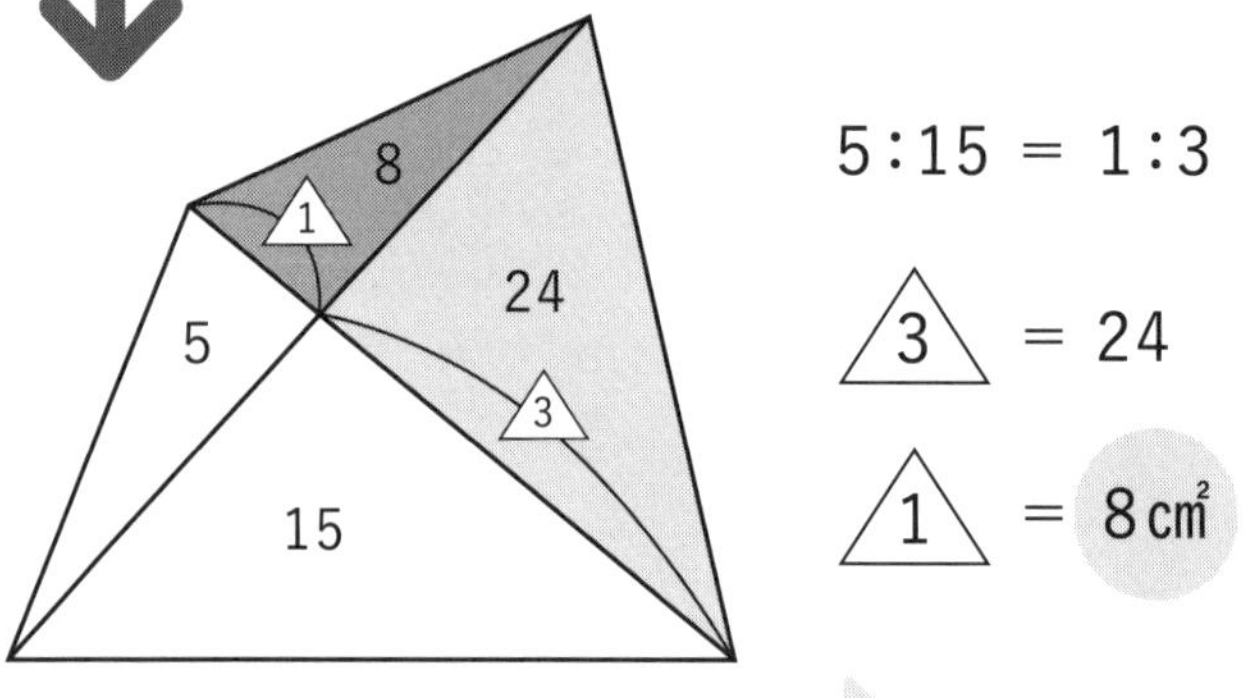

実際のノートには、
を青色
を赤色にするなどして
色をかえます

アルファベットを書き込まない分、
邪魔な情報がないので
シンプルに読みとりやすくなる

アルファベットをなくせば
図形問題はシンプルに解きやすくなる!

四角形ABCDがあります。

対角線の交互をOとするとき、三角形ABO、BCO、CDOの面積はそれぞれ5㎠、15㎠、24㎠です。

三角形DAOの面積を求めなさい。

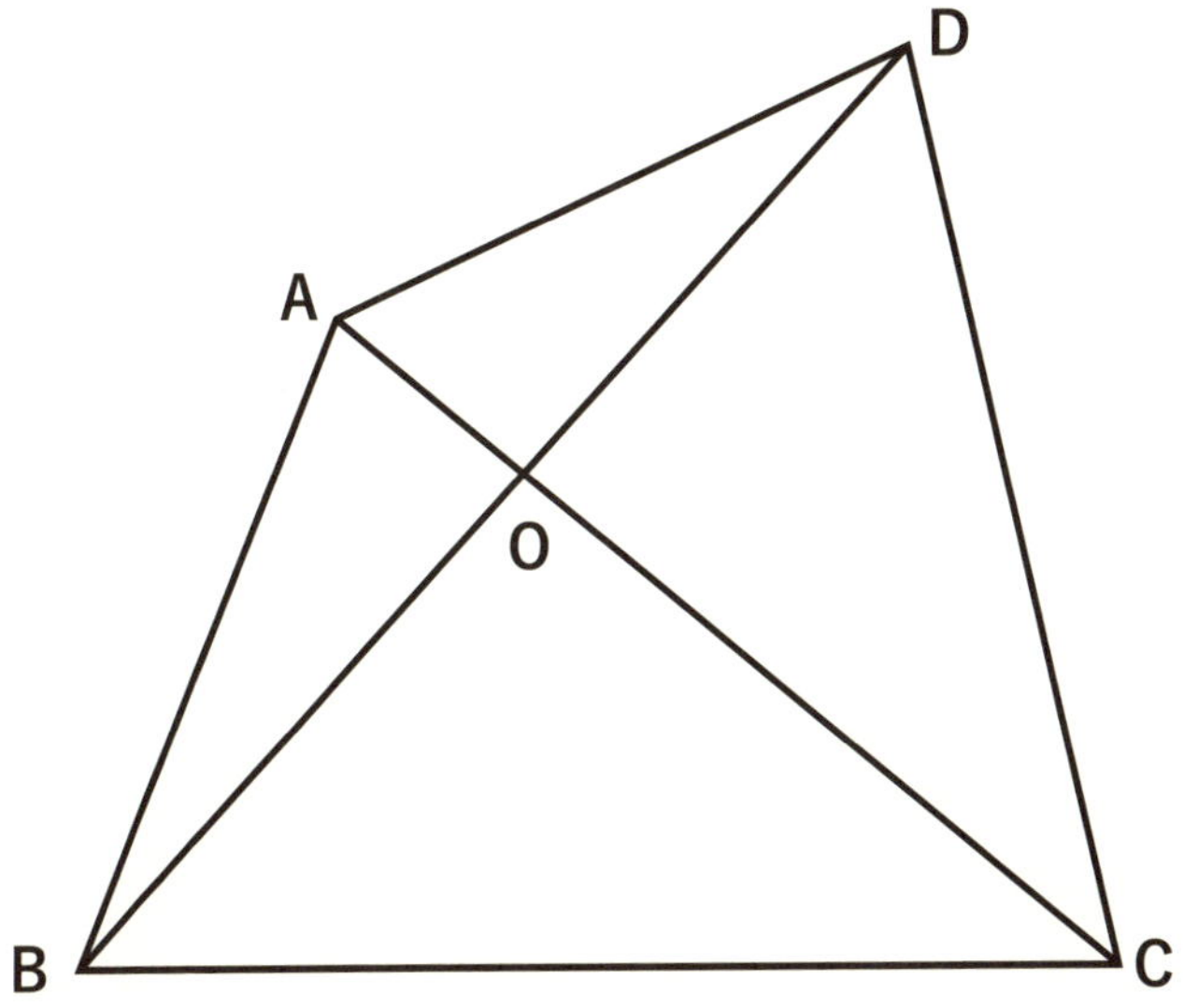

平成18年度甲陽学院入試問題の一部(改題)

12 ファイル——プリント整理で"勉強する全体像"が見えてくる

学校や塾で配られる教材プリントやテストの問題用紙・解答用紙等、普段どうしていますか？　ファイルにとじて整理していますか？

ファイリングどころか、「どこに行ったのかわかりません！」では話になりません。科目やテストの種類もごちゃまぜにして保管していたり、親にファイリングして整理してもらっている子どもが多いようですが、**プリントの整理は、勉強（学習内容）の整理に通じます**。

普段からしっかりファイルをして整理できている子どもは、忘れ物もしないですし、持ち物も揃っています。プリント類に限らず、全般的にものの整理ができていますし、勉強に対して真面目です。そういう子どもはやはり相対的に成績もよく、たとえ今はよくなくても成績を伸ばす下地ができているともいえます。

たかがプリント整理と思われるかもしれませんが、プリント類の整理がいいかげんな子どもは勉強（学習内容）の整理もいいかげん。勉強をしたこともプリント同様、頭の中で散らかっています。

私の生徒でも、以前はまったくプリントの整理ができていない子がいました。普段から持ち歩いているカバンの中に入れるだけ入れて、カバンの中がグッチャグチャ。まるで地層です。カバンの大半が、そのとき使わないプリント（他の教科で配られたプリントやテストから、保護者に渡すべき配布物まで）で埋め尽くされていて、「重たくないの？」と聞くと、「重いです」と答え、「どうするの、それ？」と聞くと、「いつか捨てます」と返事をしたのです。

その生徒は、子どもとしてはかわいげがあっていい子なのですが、同学年の子と比べると、ガサツで、まだまだ幼稚な感じでした。やはり頭の中の整理も苦手なようで、勉強も苦手なタイプだったと記憶しています。

時々、整理は苦手でも頭の中では整理されていて、しっかり重要なことは記憶されている子もいますが、これは例外です。大半の子はそうはいかないので、真似をしてはいけません。悲しいけど、頭のいい子の特権ですから。

ファイリングは子ども自身にさせるといい

まず、子どもが頼りなく感じられても、どんなに気になってもファイリングは子どもも自身でさせてください。

「自分のことは自分でする」という意識を持たせる意味もありますが、**ファイリングによって勉強した内容や情報が頭の中でも整理されていくからです。**自分がどういう勉強をやったのかを整理し、情報を管理するのも勉強です。

最低限、教科ごと、テストごとにファイルにとじること。今までに紹介したテキストやノートと同様に「勉強道具」ですから、決して軽く扱ってはいけません。

どういったものでファイリングするかは自由ですが、クリアファイルより、バインダータイプ、または穴開きファイルがいいでしょう。

理由は、A4より大きくなると、クリアファイルならプリントを折りたたんでしまわなければならず、中身を見る際にいちいち取り出さないといけないからです。

見た目は綺麗で見やすそうですが、実際に多くのプリントを同時に見渡してみたいときにかかる手間が違います。とじるのもしまうのもラクで、見やすい上に経済的です。

「永久保存版」にするためではなく、活用するために適したものを選びましょう。

テストは、問題と答案をセットにして、得意・不得意の全体像を確認する

おそらくファイルするプリント類の第１位は、テストでしょう。

とくに塾に通っていれば、毎日行われる小テストから、大きな模擬試験まで種類もたくさんあり、その量は半端ないです。

進学塾では、ほぼ毎週のように確認・復習テストが実施されます。４・５年生は受験の基礎・基本をマスターさせる時期なので、テストも単元別になっています。よって、習った順にファイリングして問題ありません。６年生は総合的な問題がメインになるので、順番にこだわる必要はなく得意・不得意で分けてもいいでしょう。

ファイリングすることで、得意・不得意の全体像を確認することができます。

どこの分野（単元）が自分のウィークポイントなのか一目瞭然。得意分野との比較でどれくらい差があるのか、そして、苦手な分野を一気に復習したいときに、まとめられているとターゲットがはっきりして非常に便利です。**自分ではぼんやりとしてい**

た自己分析が、テストを横ならびにすることによって、よくわかりますし、その後の対策も当然しやすくなります。

テストの形式は毎回同じはずなので、分野別に答案用紙を見比べるといいのです。

たとえば、算数の場合、「速さ・図形は後半部分に集中して間違えているけど、割合と比は答案用紙を見て前半部分から×が並んでいたら、やはりここは苦手なのかな」と、簡単に自分でも確認できます。

重要なのは、**問題・解答・答案の3つを必ずセットにしておく**ことです。

テストの点数や成績ばかりに一喜一憂している生徒は、終わったテストの答案を早々に捨ててしまいがちですが、大変もったいないことです。

問題や解答はコピーさせてもらったり、もう一度もらったりすることができますが、答案は替えがききません。

答案は、そのときの子どもの理解力などを知る唯一のものなのです。点数だけでは、本当の子どもの状態を知るのは難しいのです。

テストのスタイルによっては、問題用紙も重要になってきます。**どのような考えで、**

そしてどういう過程で答えを出したのか、また出せなかったのかがチェックできるからです。したがって、テスト直しのために、問題用紙に書いてある解いた形跡を、丁寧に消しゴムで消すなんて行為は最悪なのです。どうしても綺麗なものが欲しいのなら、面倒でもコピーを取ってから消してください。

間違えた問題ばかりファイルしてはいけない

せっかくファイリングするのですから存分に活用してほしいのですが、ほとんどの家庭は間違えたところのやり直し（解き直し）にしか使っていません。

それはそれでいいのですが、間違えた箇所と同時に、正解の問題も見直しておいてほしいのです。

多くの先生たちは「間違いをちゃんとやり直して、自分のものにしろ！」というようなことを言いますが、学習直後のテストで正解しても、1か月経つと忘れてしまったり、間違えたりするものが出てきます。

正解した問題こそ慎重に見直し！　個人差はありますが、一度正解しても「これは次のテストでは自信ないなぁ」とか、「正解してるけど、どうやって解いたかわからない」などと不安なものが絶対あるはずなのです。

間違いは気をつけていても、正解はむしろ見落としやすい。とくに、基本を習う5年生は正解こそ要注意です。毎週のように習いたてのものを復習してテストに臨むはずですから、正解はある意味、当然のことだからです。次の週には、完全に次のものに押し出されて、頭から消え去っているなんてことはしょっちゅうだと思いますよ。

テスト問題をファイルで整理したら、「やり直しノート」をつくって活用しましょう。テストの問題の中で、何度も復習する価値があると思う問題をノートに貼り、そこに解答やポイントなどを自分でまとめるのです。

このノートを作成するにあたって注意したいのは、「やり直しノート」という作品づくりになってしまうことです。丁寧につくるのはいいのですが、それに膨大な時間が費やされてはいけません。

それを使って、**自分の弱点をカバーするのが目的**なはずです。

何でもかんでもノートに収めていてはすごく時間を取られるので、内容の濃いものをピックアップするとか、単元別に絞るとかして気をつけることです。

問題を切り取ってノートに貼る際は、面倒ですが原本は残しておいて、コピーを貼るようにしましょう。原本があると、いざというとき全体像がわかりますから非常に便利です。

第3章

苦手な科目ほど伸びる「5分間準備」メソッド

今日から家庭でできること

科目共通

1 「5分間先生」になって学習内容を人に教える

学習方法別で行った実験で、**記憶の定着率がダントツに高いのが「人に教えること」**と言われています。私も集団クラスでは、これを可能な範囲で実践しています。

学習内容をみんなで分担してチームで取り組もうというもので、チームで「定着率」を競わせると、ゲーム要素もあるので効果があります。

これは家庭でも実践できます。

たとえば、1か月先に算数の大きなテストが控えているとしましょう。とても1人では無理なのですが、家族4人（お父さん・お母さん・お姉ちゃん・僕）でその内容を手分けします。

お父さんは平面図形の面積、お母さんは計算問題、お姉ちゃんは等差数列、僕本人は旅人算《たびびとざん》をみんな同じ部屋で30分勉強するとします。その後、勉強したことをみんなで教えあうのです。

ここで大事なのは、**教える側は一方的に話さないようにすることです。必ず教えられる側が「なんで？」と合いの手を入れること**。少しでも深い理解ができます。そして一番大事なのが、子ども本人が理解できることです。

親やお姉ちゃんは時間を取られて大変ですが、かわいい子ども（弟）のためなので、さぼれません。本人もみんなにプレゼンしないといけないですし、親がやっているから自分も頑張ってやろうということになります。**この共同作業は子どもにとっても心強く、仲間だけどライバルのようにも感じて頑張ります。**

だんだん慣れてくると、苦手な勉強なのにお父さんのプレゼンを聞いて、「自分なら○○と言うのになあ」と成長を見せていくのです。

お父さんもお母さんも比較的時間がある家庭に、この方法を提案したことがあります。それまで、とんでもなく勉強しない子だったので苦肉の策でしたが、ご両親が驚くほど俄然《がぜん》勉強し始めたのです。

家族みんなが忙しくて、チームで取り組むことが無理な場合は、お母さんと子どもの2人で「生徒役」「先生役」をしてもいいでしょう。

子どもだけに先生役をさせないのがミソ。お互いに「5分間プレゼン」をして、教えあうのです。

やってみるとわかりますが、教えるつもりで勉強すると、生半可な理解では突っ込まれるし、説明できないしで、本当に勉強になるんですよ。

2 「5分間暗記ゲーム」でラクして覚える

勉強には、暗記が必要になるシーンがたくさん訪れます。

何回も口に出して覚えたり、紙に書いたり、自分でテープに吹き込んでそれを流したり……。なかなか覚えられなくて、暗記に苦しめられた経験のある人も多いはずです。

暗記の方法はたくさんありますが、私が多くの生徒を指導してきた中で最も効果的で好評だったのが、暗記事項を**「物語にして覚える」**というものです。**物語風メモリーツリーを頭に描くのです。**

自由にやらせてもらえるクラスでは、次のような記憶ゲームをクラス全員に行っていました。

10個の一見、関連のなさそうなモノを順番通りに暗記できるかどうか。30秒見た後、順番通りに言えるか、というゲームで、暗記がしんどくない方法を各自が自分なりに考えていくというものです。

たとえば、次の1～10を30秒間見て覚えてください。

1 カメラ
2 ペットボトルの水
3 財布
4 お母さん
5 電車
6 スマホ
7 山

8 参考書
9 好きな男の子（または女の子）
10 ピーマン

順番通りに答えられればOK。1個でも抜けたらアウトです。

どうでしょう？　いくつ覚えられたでしょうか。10個すべてを順に言えましたか。

なかには、一目見ただけでスッと覚えられる能力を持つ方もいるかもしれませんが、多くの人にはなかなか難しい。たとえ暗記できたとしても短期記憶が得意なだけで、明日同じようにスッと言えるかどうかは微妙かもしれません。


それが、物語にして覚えれば不思議と記憶に残っているのです。たとえば、

「カメラとペットボトルの水を持って出かけ、財布持った？　と叫ぶお母さんと一緒に電車に。スマホで車窓からの山を撮っているうちに到着。すると、駅に着いたら手に参考書を持った好きな男の子がピーマンをくわえて立っていた（笑）」

これはあくまで一例ですが、子どもによっては本当に無茶苦茶で、面白いものもいっ

ぱい答えてくれます。

市販の参考書などにダジャレで覚える記憶術などが紹介されていますが、これは自分でつくる物語。**与えられたものではないからこそ記憶に残りやすい**のです。

私の教科は算数なので暗記はそんなに出てきませんが、これを他教科で利用して「理科や社会の暗記が、かなりラクになった」と言ってくれます。

家庭でも十分、短時間で状況を問わずできることだと思います。

物語をつくれたら、暗記は簡単!

3 買い物するとき「5分間暗算」で計算が得意になる

算数では「計算練習をいくらさせても、計算が遅い。正確にできない」という悩みをよく聞きます。

初めからできない・わからない問題なら、間違えていても納得ですが、同じ問題なのにできるときもあれば、できないときもある。自信満々で解いたのに間違えてしまい、「アレ？」となってしまう。これは子どもにとって本当にストレスになり、計算がイヤがられる最大の原因と言ってもいいでしょう。

計算スピードを上げミスを防ぐには、計算練習をするしかない？

でも、対処法は「練習しかない」と普段から言われてしまうと、しんどい計算練習になります。

「毎日○問ずつ計算してたら、いつかできるようになる」というアドバイスは子どもたちを苦しめます。できない子にとっては面倒で退屈なので、計算と聞くだけでイヤイヤしてしまう悪循環。

「計算問題こそ解き方を教えてもらえ」というのが私の持論ですが、標準の計算なら、わざわざ**机の前に座ってやらなくても日常生活で取り入れて行う**ことができます。

計算が苦手な小4の生徒に、こんな方法を試したことがあります。

その生徒は超がつくマザコン（よく言えば、お母さんが大好きな少年）で、お母さんの日々の買い物に必ずついてくるらしいのです。それを聞いた私は、その生徒のお

母さんに、

「これからレジを通す前に、カゴの中の合計金額を暗算させて、金額が合っていたらご褒美をあげるというのはどうですか？」

と提案しました。

しかしご存じのように、スーパーで売っている品物の金額は、綺麗な数字ではありません。298円＋399円のような複雑な暗算なんて、計算が苦手な子にはできません。

そこで、初めはおよその数字（最も近い綺麗な数字）で計算させ、慣れてきたらその誤差を計算させるようにしました。

たとえば、カゴの中の品物の金額が、

1 198円
2 299円
3 595円
4 98円が3個

❺ 798円

とすると、

❶ 200円

❷ 300円

❸ 600円

❹ 100円が3個

❺ 800円

の合計を計算する練習です。

合計　200＋300＋600＋300＋800＝2200円

これなら計算が苦手な子でも、頑張ってなんとかできるはずです。もし、できなくても練習ですから、慣れれば絶対大丈夫。初めはこれで十分です。

お母さんがレジを通すまでにだいたいの金額を言えたらOK。紙や鉛筆がない分、十分に頭を使いますし、褒美がもらえるならと頑張ります。個人的には物で釣るようなのはオススメしたくはないのですが、最初の取っかかりにはいいかもしれません。

繰り上がり・繰り下がりをしない計算方法で暗算に強くなる

慣れてきたら、誤差もきっちり計算する練習です。先ほどの例を使うと、

❶マイナス2円
❷マイナス1円
❸マイナス5円
❹マイナス6円
❺マイナス2円

の合計は、2＋1＋5＋6＋2＝16で16円のマイナスです。

よって、2200－16＝2184円

筆算で、繰り上がりや隣から10借りてくるなどといった面倒なものではない、頭を使った計算が自分でできるようになるのです。

そして、ここまでできるようになったら、単なる足し算の暗算が強くなっただけにとどまらず、他の計算問題についても、早く正確にできる何かいい方法はないかと自分で考えて勉強することを覚えるのです。

〝ひたすら練習のイメージ〟しかない計算が、そうではないとわかるだけでも相当違ってくるのです。

4 勉強スタート前の5分でモチベーションを上げる

スポーツでも勉強でも、できるとすぐ調子に乗るタイプの子どもがいます。いわゆる〝お調子者〟と呼ばれるタイプです。先日も保護者の方から、

「先生、うちの子ちょっとできるとすぐ調子に乗るんです。どうしたらいいですか？こないだもテストが返ってきて、ちょっとよかっただけで、もういい気になっているんです」

と相談を受けました。普段はできないのに調子に乗っているから、お母さんはイラッとするんでしょうね。

「調子に乗るっていいじゃないですか。自信をなくされてションボリされるより断然いいですよ。せっかくなのでそれ、活かしましょう」

この手の相談には、私はほぼこう答えています。**調子に乗っているのは、その一瞬でも自信を持っているから。**勉強が苦手だったり、成績が芳しくない子どもにとっては願ってもないことのはずです。それを「調子に乗るな」と言って調子を下げさせる必要がどこにあるのでしょうか。

そのお調子者の性格をうまく利用すれば、親も子どももラクになります。

「いいときの成績を5分間眺める法」でやる気アップ

たとえば、家で勉強をする前に、そのときのテスト（調子に乗るようになった、いい点数のテスト）の成績表や答案を、5分間眺めるという方法はいかがでしょうか。

「僕も（私も）やったら、これくらいできるんだな」と勉強の励みになるでしょう。

幼稚園で描いた絵を「よくかけました！」と花マルをもらって、子ども部屋の壁に貼っていた、あれと同じです。

よかったもの、できたものを見えるところに貼っておくと、親も子も嬉しくなります。壁に貼るのがイヤなら机に敷くなど何でも構いません。**勉強前に、やる気と助走を少しつけるという効果があります。**

5分間じっと見るって案外長いですが、短いと意味がないのです。ただの確認になってしまうので、あくまでも**「僕（私）、できるぞ！」と思わせるもの**です。

もちろん、長すぎるのはダメですよ。ずーっと嬉しそうに、ヨダレを流して見すぎないように気をつけてください。

この方法を思いついたのは、学生のときにしていた家庭教師先で生徒の妹の絵が貼ってあるのを見て、「お前もめっちゃいい成績、あんなふうに貼ったら？」と言ったことがきっかけです。

その生徒は「めっちゃいい成績」の成績表を壁に貼りはしませんでしたが、机に敷いてある透明マットに挟ませたところ、勉強のモチベーションアップに大いに役立ったと言っていました。

「これだけやった」過去のノートが自信を取り戻す

自分が子どもの頃の教科書やノートを、懐かしく思いながら見ることってありませんか？

小学1年生で初めて習う算数や国語の漢字に四苦八苦していたのに、4年生や5年生になってその頃の教科書やノートを見ると、**「なんと簡単なものに苦しんでいたんだ」と不思議な感覚を抱きます。時の経過は成長を表してくれます。**

そこで、勉強の自信がなくなってきたとき、簡単にモチベーションを上げる方法。それが、今なら簡単にできてしまう、昔の自分のノートやテストを見るというものです。

当然、眺めているだけで成長はしませんが、自分の成長を確認し、感じることができます。

以前の自分を思い出し、このときは苦しんでいたけど、今となってはできるようになっていると気づく自分。つまり、**今つまずいていても、いつかできているはず！と少し楽観的になれるのです。**

自分の脳に、ちょっとした勘違いを起こさせること。勉強も精神状態がよくないと成果は出にくいでしょう。だから、気分をラクにして自分をコントロールすることも重要なのです。

以前、スランプに陥ってしまい、完全に自信を失っていた生徒がいました。受験まであと3か月の直前期です。もう何をやってもダメだと相談を受けたので、「勉強前に、過去のテキストやノートを5分間思い出すように眺めてみよう」と勧めたのです。

今まで必死に勉強してきたので、復習として振り返ることがあったとしても、自分の成長を見るために振り返ることなんてなかったようです。

1週間くらいしてからその生徒がやってきて、「ようこんな難しいこと、今までやってたんなあ〜って思います」と笑いながら言いました。

「自信出てきた?」と聞くと、「まだわからないです。でも、この調子なら3か月後には自信持ててると思います」と言ってくれたのです。

案外、客観的に自分の学習状況を観察できず、浮き足立ってしまいます。自分が頑張ってきたものを、意識的に確認する作業から自信は取り戻せます。

他人との比較ではなく、過去の自分と比較するのがポイント。簡単に自分でできる自信回復法です。どんな勉強嫌いでも、知らないうちにみんな成長しているはず。それを自分自身で見つけていけるのです。

5　生活習慣とセットにすれば、ラクに学習習慣が身につく

勉強は毎日少しずつでもしていければ、どんなにラクでしょうか。

しかし、子どもに「勉強を毎日少しずつしなさい」と言っても、そう簡単にはしてくれません。それができれば強力な武器になるでしょうが……。〝勉強の習慣化〟は、永遠のテーマです。

すでに習慣化されている「朝の歯磨き」の後に

それなら、すでに習慣化されているものと、勉強をくっつけてしまえばいいのではないでしょうか。習慣化したい勉強を、すでに習慣化されているものとセットにして生活の一部としてしまうのです。

たとえば、歯磨きの習慣。朝、必ず歯磨きをしますね。その歯磨きをした後は必ず、ことわざや慣用句を3個覚えるなどのルールを決めるのです。

歯磨きをした後ではなく、歯磨き中に覚えてもいいでしょう。私ならそうします。早く終わらせたいし、そっちの方が集中できるからです。余談ですが、**すき間時間の方が集中力は高まる**のです。

トイレの習慣でもいいでしょう。家でトイレに入ったら、必ず漢字を5個覚えるということにしておくのです。

このとき**気をつけたいのが、欲張ってたくさんのノルマを課さないことです**。あくまでも日常の生活習慣のついでに勉強習慣をつけるためなので、ボリュームが目立ってしまうと負担になります。

もし、漢字20個の暗記ノルマをトイレなんかでやっちゃうと、確実にお尻がヤラれてしまいます。最悪、病院に行かないといけない事態になるので要注意（笑）。

「理科・社会の勉強にまとまった時間が取れないので、どうすれば？」と生徒から聞かれ、この**「生活習慣＋暗記」**で暗記の負担軽減に成功したことがあります。

その生徒と一緒に考えて、

「歯磨き＋地図記号」
「トイレ＋星座」
「朝ごはん＋植物・動物」
「お風呂＋地図帳眺める」

など、そこそこ暗記できれば組み合わせを順次変えていくようにしていきました。

もちろん、これで「勉強した」ということにはなりませんが、理科・社会の勉強を習慣にしておくことで、本格的な勉強をするときにスムーズに取り組めるようになるのです。

実際、受験後にその生徒は「短い時間でも毎日見るという小さな積み重ねがいかに大きなことか、自分をラクにさせて助けてくれた」と熱く語ってくれました。

続かないと意味のないものですから、初めは本当に少しずつにしていきましょう。漢字1個ずつとかでも、まったく問題ありませんよ。続けることができれば、どんどん増やしていけばいいのです。

6 「寝る前5分の勉強日記」は〝復習〟と同じ価値がある

寝る前に覚えたことは、記憶が定着しやすくなると言われています。脳は、睡眠中に記憶の整理をして定着させているらしいのですが、経験上、それは確かに言えると思います。

ただ、暗記モノのみにそれを使うのはちょっともったいない。思考を要する勉強にも十分使えるのです。

私の生徒に、理科や社会などで、とくに暗記を要するものはすごくよくできる子がいました。

でも、暗記では太刀打ちできないような思考問題（理科や社会は暗記だ！　と言われることもありますが、むしろ暗記に隠れるようにして存在する思考問題は算数より厄介です）や算数には苦しんでいて、相談を受けていました。

お母さんとの話の中で、なぜ、そんなに暗記モノが得意なのか聞いてみると、「寝る前に覚えたことは記憶によく残ると聞いたので、簡単な暗記だけは寝る前にさせています」と答えてくれたのです。

なるほど、寝る前の暗記、恐るべし！　です。

「その暗記、算数でやってみませんか？　ちょっと理・社の暗記が止まっちゃいますけど……」と提案したのです。

できなかった問題を復習する代わりに、「なぜできなかったのか」を振り返る

「今日からガンガン復習しなくていいよ。その代わり、寝る前に、できなかった問題に対して、なぜできなかったのか？　どこでつまずいたのか？　を書いていこう」と、その生徒に言いました。

いわゆる「勉強日記」をつけることを勧めたのです。

彼は「え？　マジ？」という顔をしていましたが、若干嬉しそうでした。それもそのはずです。いつも自分を苦しめていた復習地獄から解放されるからです。

前にも述べたように、勉強していて、できない問題やわからない問題が出てくると、

通常なら〝復習、復習〟の嵐です。できない問題の復習は重要ですが、何度も言いますが子どもにとっては本当にしんどいことなのです。

復習というと、**もう一度、自分で最後まで解き切らないといけないイメージですが、「なぜできなかったのか？　どこでつまずいていたのか？」を日々考えることも十分復習に値します**。

物足りなさはあっても、一度に最後までできるようになるのを急がなくていい。そもそもできない問題をそんな急に理解して、できるようになるのには、ある程度の時間も要します。

「なぜできなかったのか？　どこでつまずいていたのか？」を寝る前に書くことに**よって、自分で振り返ることができる。そして、寝ている間に記憶として頭に残る**と考えたのです。

わからないものを、いったん保留している状態です。**どこでわからなくなるのかの分岐点を知っている**ことは、非常に大切です。後で他のものを習ってから、それがヒントとなってわかるようになったり、理解できるようになります。

常にできないものを頭の中にストックしておくと、自分の弱点に対して常にアンテナを張って解消できるように考えると思いました。

どこでわからなくなるのか、どうすれば答えにたどり着けるのかを考える頭になる

この「寝る前5分の勉強日記」を実行後、数週間で劇的な変化がありました。

わからない問題の内容が記憶に残っていて、「どうすれば答えにたどり着けるのか？」を常に考えるようになったそうです。

当然、苦手科目を自分から勉強したくはないですが、頭に〝残ってしまっている〟ので無意識のうちに考えるようになったのです。期待通りでしたが、真面目な生徒で言う通りしてくれたこともあって効果が出ました。

何度も繰り返す復習の方法も自分に合っていればそれでいいと思います。ですが、じっくり頭に浸透していく勉強は忘れにくく、大きな負担にならないので、続けやすく効果は大きいのです。

7 スマホは取り上げずに、5分ずつ有効活用

「スマホ」は大人だけでなく、子どもにとっても今や生活に欠かせないものになってしまっています。

小学生の携帯・スマホ所持率はすでに60%を超え、子どもにスマホを制限させる手段も言うほどの効果がないのが現状。科学的にも脳が未成熟な子どもの過剰な使用はよくないとデータが示しています。

口を半開きにしてスマホを触る子どもの姿は、受験指導の現場では今や当たり前になりつつありますが、たとえ今は持たせていなくても、遅かれ早かれせがまれることになるのは目に見えています。

私もできることなら、「子どものうちはスマホは持たない方がいいのでは?」と否定派寄りです。しかし、持つ・持たないの議論をしても始まりませんし、スマホを触っている子どもの手から無理やりスマホを取り上げることは厳しい。怒ってしまってケ

ンカになるのがオチです。人間は「やるな！」と言われるとやりたくなるものですから。

そこで、いっそのこと「どうせ使うのなら、上手に使え！」という提案です。つまり、勉強のときも使うのなら、スマホを触ってOKというルールをつくるのです。

たとえば、勉強でわからないものが出てきたら、答えを見るのではなく、スマホで調べて勉強してもいいとします。

参考書やノートを見て勉強することも勉強ですが、その対象がスマホになっただけと考えれば、そんなに違和感はありません。言葉を調べるのに、紙の辞書ではなく電子辞書で調べるのがいいのなら、スマホも〝問題ない〟という考えです。

〝問題ない〟と言うと反論もあるでしょうが、勉強してほしい親の希望とスマホを触りたい子どもの願いが同時に満たされる方法です。本来、テキストで嫌々勉強していた子が、別人のように勉強しだすでしょう。

ただ、これには絶対に守らないといけないことがあります。それは、**使用時間と親との約束です**。

いくら勉強と言っても、長時間の使用は身体的によくありません。たとえば、**スマ**

ホの使用時間は勉強1時間あたり5分、それ以外の自由時間は30分などと決めておくのです。

こうしたルールが守られないなら、そこは親の権限で取り上げるなり、解約するなりでいいと思います。あくまでも料金を払っているのは親。しっかりとしたケジメは、教えておかないといけないのです。

科目別編

8 算数――解法の丸暗記は厳禁！5分間、考える習慣を

苦手な科目ダントツの1位がこの算数なのですが、実は好きな科目1位も算数なのです。得意・不得意が極端に出やすい科目なのです。

学校で、「算数の時間は、退屈な反復練習をすること」と植えつけられていることが、「算数は面倒で難しい」という認識になる一番の要因でしょう。

前に紹介した私の例のように、算数が好きになってしまえば親にとって一番簡単でラクなのですが、みんながみんなそういうわけにはいきません。

算数が好きになれなくても心配ありません。**要は、子ども自身に算数の勉強に対して、イヤなイメージさえ持たさなければいいのです。**

本屋さんに行って、計算ドリルや問題集を焦って買ってきてはいけません。もし買ってくるのならば、パズルや今流行りの数独のような遊び感覚でできるものです。あるいは思考ゲームや頭脳ゲームのようなものでもいいでしょう。これなら「勉強感」が出ないですし、親子で楽しめて子どもも取り組みやすいはずです。

クイズやパズルゲームで「考え悩む習慣」をつけておく

実際私の授業でも、時々時間を設け、クイズやパズル系の頭脳ゲームを子どもたちに出してあげると、普段は算数がそんなに得意ではない生徒でも一生懸命取り組んでいます。

私からすると、この後の授業で行う算数の問題よりはるかに頭を使う難しいものなのに、クイズやゲームには積極的に取り組むものなのです。

「算数の勉強」だと自分から取り組むなんてことはなかったのに、**自分から考えて悩もうとすることに違和感を持たなくなる**のです。むしろ、考えることや悩むことが好きになっていることもあるのです。

考えようとしない子どもにとっての算数は、非常に辛いものです。考える時間が苦痛以外の何ものでもありません。

少々極端な言い方をすると、算数が苦手な子というのは、授業中は主に「ノートを取る」しかないのです。

聴いてもわからない、読んでもわからない、考えてもわからないとなれば、思考が止まるのも無理はありません。ノートを見て、ひたすら頑張って解き方を覚える反復練習が待っているのですから、余計にイヤになっていきます。

「暗記」に走らない方が負担が大幅減！

テストでいい点を取るために、考えもしないで問題の解法パターンを丸暗記するクセが算数でつくと、後々苦労します。

「努力は報われる」と言いますが、努力は方向性を間違えると、無駄に終わってしまいます。「暗記」に走ってもある程度までは成績が上がるでしょうが、いずれ〝壁〟にぶち当たってしんどい思いをするでしょう。

学習効率を上げ、後々の長時間の反復練習を減らすには、逆説的ですが、**暗記の部分を極力なくすことです。**

暗記はあくまで問題を解くためのツールですから、最小限にとどめること。一番育てないといけない「思考力」を使わないと！

優秀なのに伸び悩んだ子と成績イマイチなのに伸びた子の「準備」の違い

私が指導してきた生徒で、まさにそれを証明するような例がありました。

二人は小学5年生で、1学期が始まったばかり。一人は成績もよく、クラスの中でも解くのが早い優秀な生徒です。仮にA君とします。もう一人はその逆で、成績はイマイチ、解けない問題もたくさんある生徒です。仮にB君とします。

これだけ聞けば、将来いわゆる偏差値の高い学校に行くのはA君です。私も担当した当初は「A君は賢いんだな」と思っていましたが、日が経つにつれて「この子は危ないな」と感じるようになりました。

なぜかというと、A君が問題を解いている姿を見ていて、ほとんど考えずに解いていることに気づいたからです。

問題を見るなり、すごいスピードで解いて誰よりも早く終わらせる姿に、他の先生からも「A君はできる。あいつは違うわ」と聞いていました。ところが、です。

前述したように、私は毎回、担当の生徒全員のノートを回収してチェックをしているのですが、A君のノートには、無駄のない完全な正解しか書いていなかったのです。

これに、私は非常に強い違和感を持っていたのですが、その違和感は当たっていました。

A君は、ほぼ問題とその解き方を覚えていたのです。それは、A君の親が、家で先々の未習の問題までさせていたのです。序章で、最悪の「準備」として紹介した、いわゆる〝先取り学習〟です。

「予習」のつもりかもしれませんが、まったく予習の体《てい》をなしていません。ただの丸暗記だったからです。当時、5年生の優しいレベルの問題とはいえ、解法を完璧なまでに暗記できるのもすごいのですが、それだけに非常にもったいないことをA君の親はしてしまっていたのです。

親にここまで受験熱が入りすぎると、もう私たちが意見してもまったく耳を傾けてはもらえません。残念なことに、A君には暗記任せの勉強しか方法が残されておらず、家では時間内に解き切らないとひどく怒られていたそうです。いわゆる、勉強マシンのようになっていたのです。

たとえ5年生では切り抜けられても、6年生の実践的な応用問題になってくると、**解法パターンを覚えていくそのやり方では到底、受験を乗り越えるのは難しいでしょう。しかも、その暗記量は5年生の数百倍です。**もっと多いかもしれません。

A君にはその後しんどい時間が待っていて、体力や精神力の消耗戦になっていました。

一方、B君は受験意欲があまりなく、「できれば受験したいな」という程度で5年生になってから入塾してきた生徒でした。だから、解けない問題がたくさんあり、早くから塾に通っている生徒より成績がまだまだでした。国語が得意なため、なんとかギリギリA君と同じ上位クラスにはいましたが、算数に関して言えば、

「ちょっとこのクラスにいるのは家賃が高いで！（笑）」

と、B君のお母さんと一緒に冗談を言うほどでした。

しかし、B君には希望が持てる大きな武器があったのです。それは、**とことん一人**

で考え抜くことができるということでした。国語の先生に聞いてみても、成績は長文読解で得点を稼いでいて、むしろ得点源にしてほしい漢字や慣用句などはこれからの状態だったようです。いかに思考力があったかがわかります。

教えなくても自分で考えてみようとする力は、何よりも重要です。いくらいいものを習っても、使いこなせないと効果半減です。その使い方を自分で考えることができるのなら、放っておいても成長するのは必然です。

B君のお母さんはA君のお母さんとは対照的に、勉強に関してはうるさくなかったようです。気をつけていたのは、**のめり込んでいるものがあったら止めずに思う存分させよう**というものでした。

B君は昆虫とF1が大好きで、家ではひたすらF1を見て、外ではひたすら昆虫を探していたそうです。私もF1が好きでしたので、よくB君とF1トークをしていました。

B君に「算数トーク」ではなく、「F1トーク」をしたのには理由があります。彼には**勉強できる下地（準備）が備わっていましたので、やればいつでもできる**という確信がありました。あとは、そこに向けさせるポイントを見つけるだけです。そのポイントがF1でした。

ご存じのように、F1とは超高速で走る自動車レースです。つまり、スピード（速さ）の話なので、これを彼の**算数の起爆剤**にと考えたのです。

「速さ」という単元は、受験でも超がつくほど重要な単元で、難問も数多くあります。「速さ」の問題が苦手な子は多く、ここを押さえれば大きなアドバンテージになりますし、他の単元への相乗効果を生むことができます。

初めは「速さの問題ならイメージつきやすいから、考えやすいかも〜」と言っていたB君。「授業前にテキストは一読して、疑問点などを持っておく。講義はそこを意識して聴く。宿題より先に復習と疑問点の確認を重点的に行う」という私のアドバイス通り続けてくれたところ、まず、その単元はクラスでも上位に食い込む存在になっていきました。

そうすると「速さ」だけにとどまらず、どんどんと吸収していき、持ち前の深い思考力で算数は好きな科目へと変わっていったのです。

その結果、算数の成績は、5年生の春から1年後には完全にA君とB君の立場が入れ替わっていました。

とことん考え抜くという基盤ができている勉強をしているB君は、加速度的に成績が伸びていきましたが、A君の解法暗記型の勉強にはやはり限界があったのです。

「君たちはピストルの扱い方を習っている。どう撃つかは一人一人の経験」

ここで誤解がないように言いますと、私は「解法を覚えること」「公式の暗記」を全否定しているわけではありません。基本となる公式を使うことによって、「一から考える」より圧倒的に考える幅が広がり、早く理解・学習することができます。基本となる公式の使い方・考え方など、「最低限の解法」は学び、覚える必要があると考えています。

ただ、前述したように、この解法はあくまで「ツール」。ツールがたくさんあっても使えないと意味がありませんし、丸覚えするのはA君の例のように効率的ではありません。

とくに受験生は解くべき問題が多いため、時間的にゆっくり考えていられないという事情もありますが、**基本のツール（ベースとなる解き方）は最低限に抑えることに**

よって、暗記の数が劇的に減るのです。

こうした話を、子どもたちにわかりやすく伝えるには、どうすればいいか。

私の場合、生徒たちに「雑談」の形をとって伝えています。

「俺、実はスパイやねん。先生は仮の姿や！　今回はピストルの話をするけどな……」と言って笑いをとると、クラスの全員が聞き耳を立てて、こちらに注目します。

「スパイの話」は私が〝重要な雑談〟をするときの常套句。先生という立場で「勉強の話」をするのではなく、子どもたちが大好きなスパイ映画やドラマの世界の小道具を使ってわかりやすく伝える作戦です。大人に説明するような抽象的な表現は素通りしていきますが、子どもが喜びそうな〝たとえ〟を使うと、ちゃんと聴いてくれるものです。

「たとえばな、君らは今ピストルの扱い方を習ってんねん。引き金の引き方のような基本ツールをここで習ってんの。でも、上を向いて撃つ、右や左を向いて撃つ、複数の相手に連射で撃つみたいなことは一人一人のこれからの経験」

算数の授業で習っているのは、「基本ツール」にあたる基本の考え方です。これはテキストに載っている例題（基本問題）にあたり、応用問題にあらゆるパターンの問題が載っているわけではありません。

それを知らずに「テストができなかった」と結果に一喜一憂し、嘆いている子が多すぎる。これは、テキストに載っている「上向いて撃つ、左向いて撃つ」の問題はできても、テストに「後ろ向いて撃つ」が出てきたら途端にできなくなってしまうのと同じ。ひたすらテキストに載っている類題が解けるように「解法パターン」を練習するという勉強の仕方がずれているのです。

「知らない問題が出てきたらアウト」という勉強の仕方をしてはいけません。普段から基本ツールをどう使うのか、考えておくことが必要です。

算数の力は、解き方を知ってしまった後ではほとんどつくことがない。まだ解き方がわからず、必死に考えることで算数の力がついていくのです。

1セット5分！ 計算ドリルをダラダラさせてはいけない

算数の問題では、一般的に文章題や図形問題などを重視し、計算問題は「家でやれ！」という傾向があるように感じます。しかし、前にも述べたように、単純計算以外は、

計算問題こそ解き方や工夫の仕方に指導が必要です。「お父さん（お母さん）に計算を教えてもらった」という生徒のノートを見ると、無残な解き方（方程式などの文字式）をしているのを見かけます。子どものためにも、相当自信のある方以外はやめておくべきでしょう。

これは多くの生徒を見てきてはっきり言えることですが、**計算ができない子に算数の点数のいい子はいません。**逆に、計算がすごくできる子に算数ができない子もいません。これは計算力が自信を持たせますし、数字の感覚が他の生徒より明らかにいいからです。

入塾テストは普通、点数によって判断されますが、私は個人的に当該生徒の答案と問題用紙に注目します。とくに、計算用紙の計算です。それほど計算力は重要なのです。指導者から一通り計算の解き方や工夫の仕方を習ったら、次は家での練習が必要です。ただし、「じゃあ、毎日、計算練習1ページずつ！」と1ページに10問から20問も載っているものをダラダラするのはよくありません。

よくお母さんたちは、よかれと思って計算ドリルのようなものを買ってきてさせようとしますが、あれは計算嫌いになる元です。実際、生徒たちから不評です。

ドリルは買ったらダメ！　いや、買っても小刻みに短時間でさせること。**計算は陸上で言うと、短距離の１００m走のようなものです。瞬発力が重要。**

だからもしするとしたら、**「３〜５問を１セット５分に区切って、１日３セット」**などとします。その問題数や時間は、個人差によります。**レベルは、ギリギリ止まらずできるレベル**です。

そして、最終目標は「早く、正確に！」です。

一気にできればそれに越したことはありませんが、厳しければ**「間違えてもいいから、早く答えを出せ！」**です。

「まずは、きっちり解けるようになって、徐々にスピードを上げればいい」と思われそうですが、私の指導経験上、**ゆっくり答えを出す練習をしてきた生徒は、いったんついたスピードは上がりにくいのです。**それより、時間を意識して早く答えを出す練習をしている子の方がスピードを維持したまま正解率が徐々に上がっていくのを多く見ています。

計算は正しい方法を習って、最初は結果にとらわれず早くやれ！　やみくもにするのはダメと覚えておきましょう。

9 国語——「5分間要約」で読解力アップ

私は算数講師ですから、算数以外の教科については、「受験ディレクター」として専門の先生に取材して書きました。国語という教科は言語の科目なので、やはり基本的な読み書きが早い時期からできていると相当違います。

そもそも、人は「言語（言葉）」で思考していますから、国語力が学力の基礎となります。

国語力が上がると、他の教科の成績も上がると言われますが、それは算数や理科の問題にしても、問題文で何を問われているかという読解力や理解力がないと解けません。

国語力は学力アップに密接に結びついています。

ベースとなる語彙力は家庭でつける

国語の読解力や理解力も、漢字や語句などの言葉の知識（語彙《ごい》）がないと、その上に積み重ねていけないでしょう。

先に挙げたB君のように、「語彙力はないのに長文読解が得意で、文章を深く読み取れる」子どももいますが、一般には言葉の知識がより多く備わっていると、新聞やテレビなどの社会のニュースなど多くの情報を仕入れることができます。

すると、子どもでも大人のように**視野が広がり、未知の世界を知る**ことになり、それが楽しく思えれば、より一層、多くの知識を仕入れたがるでしょう。

さらには、多くの語彙力も同時に備わることになっていき、自然と国語力の基礎が強化されていきます。これは**自分で学習する**という利点もついてきます。

では、どうすれば語彙力がついてくるのでしょうか。

優しい文章から徐々にレベルを上げていき、その中の知らない言葉を一つずつチェックして覚えていくこと。これが一番確実で、一番近道だと国語の先生は口を揃えて言われています。

優しい文章ならば、ストレスなく読み進めることができます。文章中の知らない言葉の数も多くはないはずです。もし数が多くなると、ただひたすら調べているという作業に、子どもたちはうんざりしてしまいます。まず間違いなく「面倒くさい」という感覚になります。そう感じさせる前に終われる量にするのがポイントです。

とくに子どものうちは、多くの言葉に日々触れておくことが絶対に欠かせません。よって、継続させるためにも優しい文章でいいのです。

たとえ4年生でも、読むのが苦手なら1年生の文章でいいのです。4年生だからといって、読めない4年生のものを読ませても続かないのは明白です。

毎日少しずつでいいので、知らない言葉をチェックするための**「知らない言葉リスト」**などのリストをつくって辞書で調べておくといいでしょう。

読書習慣の一番の利点は「読むスピードが上がること」

読書活動が盛んな学校が多く、わが子に本を読む習慣を身につけてほしいという親は多いと思いますが、やりがちな失敗は、普段は本を読まない子に「この本、読んでみたら?」」と、推薦図書や課題図書など、子どもに読ませたい本を押しつけがちなことです。

読書と言っても、基本的に文字を追うものなら、なんでもいいと思います。子どもが好きなアニメの原作でも、趣味の本でもいい。(若干読解力とのつながりは薄くなると思いますが)マンガもダメとは思いません。

読書の一番の利点は、読むスピードがアップすることによって、短時間で多くの情報を得ることができるという、強力な武器が手に入るということです。

私がこれまで出会ってきた生徒の中でも、読むスピードの速い生徒は総じて考え方も柔軟で、深く考えることができる子が非常に多い印象です。

読書習慣は幼少期の環境に左右されることが多いです。小さい頃によく読み聞かせられていたり、自由にたくさん本が与えられる環境にいた子は、本好きになるのでしょう。もちろん、ある時期に突然、自分から進んで本を読みだす子どももいるでしょうが、多くの場合、ゲーム機を本に持ち替えることはなかなか難しいといえます。

勉強するということは、多くの情報を得るという側面もあります。そのための「準備」として、幼少期のようななるべく**早い時期から、子どもに読書習慣をつける環境**

整備をするのも、親の役目だと心に留めておいてもいいのではないでしょうか。

国語の学習において読書のもう一つの利点は、**長い文章を読むことに苦手意識がなくなる**ということです。

国語の問題には、長文が必ずと言っていいほど登場します。いわゆる長文読解です。読み方のコツはありますが、基本的にはすべての文章に目を通さなければなりません。そのとき、「文章を読むのが遅い」となると、やはり不利です。長文に苦手意識を持っている子とそうでない子とでは、明らかに点数に差が表れます。

読書をする子どもは絶対に成績優秀とは言えませんが、有利か不利かと言えば、読んだことがあるジャンルの問題文に出くわすと、読みやすいので断然有利と言えるわけです。

したがって、すでに読書習慣がある子どもなら、偏ったジャンルのものばかりを読むのではなく、普段は読まないようなジャンルの本など幅広く読むことを勧めてもいいと思います。

読みやすい本しか読んでいないと、文章によっては読みづらく感じ、解釈する力に差が生まれてしまうことも考えられるからです。

「よく読めばわかる」のウソ

では、「読書をしない子どもは、国語力をあきらめないといけないのか？」と問われれば、答えはノーです。読書の習慣は早い時期につける方が有利ですが、絶対的なものではありません。

学年が進むにつれ、勉強だけでなくいろいろ忙しくなって、ゆっくり読書をしている時間はないという子どももいるでしょう。「本はよく読む子なのに、国語の成績はよくない」という話も聞きます。

「答えは、本文中にあるからよく読めばわかる！」という人がよくいますが、元から国語が得意な人の無責任なアドバイスだと私は思います。それを探すのが難しいのです。

長文読解にも「解き方」というものが存在しますから、高い読解力をつけさせてくれる参考書・問題集に出会って教科としての国語力をつけることはできます。

受験を控えていて国語に不安を抱えている子どもなら、**『塾で教える国語』シリーズ（文英堂）**がオススメです。

内容はもちろんのこと、参考書・問題集の最大のポイントである解説が丁寧です。解法のパターンや解答の根拠も記されており、秀逸な一冊です。少し高度なものも含まれていますから、国語が得意な受験生にもいいと思われます。

論理的文章と文学的文章の2種類に、それぞれ実践問題集があります。すべて自宅で勉強可能なものです。

受験は控えていないけれど、低学年から丁寧に国語の勉強をさせたい子どもなら、出口汪先生の**『はじめての論理国語』シリーズ（水王舎）**です。これもシリーズものですが、低学年の参考書らしく保護者向けのページもあり、非常に取り組みやすいと思います。

受験を控えているけれど、まったく国語がダメな4年生、5年生でも出口先生の低学年向けのものからステップアップが十分可能です。

書かせなくていい！　文章を5分でまとめる「口頭要約」の練習を

国語の勉強で、学年にとらわれる必要はありません。子どもの国語力に不安があるなら、思いきって低学年のものでいいのです。

そして、週に一度でいいので、**おうちの人が選んだ文章を口頭で要約させる練習をする**のがいいと国語の先生はおっしゃっています。

字で書き起こすのは難しい。つまり、下手でも書いてある内容を口に出して言わせるのは、**頭で整理させる練習になる**ということです。

10 理科――「事前に現象を知っているかどうか」で決まる

理科は「現象」を扱う教科なので、**本来、子どもが興味を持つはずのもの**です。

たとえば、コップに水を入れると物が大きく見えるとか、氷に塩をかけるとどうして温度が下がるのか、といった面白い現象や研究に興味を持たない子どもは、まずいません。

なのに、なぜ「理科離れ」「理科が苦手」な子が生まれるのかというと、子どもが「しないといけないもの、したくないもの」という意識を持っている〝勉強モード〟に入るからです。

多くの分野の「好奇心の芽」を育てておこう

理科は、算数や国語のように「勉強」という感覚を持たずにすむので、取っかかりやすい科目。動物や植物に探究心を持つ子もいれば、月や星のような天体にのめり込む子もいるでしょう。好奇心の強弱はありますが、基本的に低学年の間は楽しんで取り組めるはずです。

そこで、低学年のうちには〝勉強モード〟にならないように気をつけ、決まった分野だけでなく、なるべく多岐にわたった分野の「どうして？」「もっと知りたい」「もっと調べたい」という好奇心の芽を育てることが理科を得意にする準備になります。

「悪い勉強モード」に入らない法

ところが、低学年までは「理科好き」だったのに、学年が上がってきて理科のテストや宿題をやるようになると、途端に〝悪い勉強モード〟に入ってしまう子どもが増えてきます。

いつの間にか、子どもたちの言う「勉強」＝「しないといけないもの、したくないもの」に変わってしまうのです。

そもそも勉強とは、知らないことを学んでいくこと。子どもがもっと知りたいと思うのは楽しいからであったり、また面白いと思うからです。この原点を忘れたとき、勉強が苦痛という感覚になってしまうのではないでしょうか。

進学塾などでは理科の実験授業のようなものもありますが、それは即日定員いっぱいになるほどの人気です。学校では扱わないものを取り入れたりしていて、人気を博しています。私もその教室を何度か覗いてみたことがあるのですが、ちょっと面白いことが起きているのに気づいたのです。

それは、その受講生のメンバーの中に必ず数人、普段は理科の成績がすごく悪い生徒がいることです。理科の先生に聞くと、普段なら見せないような表情でその授業（実験）に取り組んでいるそうです。

理科のテストの点数がかっらきしダメなある生徒は、「苦手な理科なのに、お前、イヤじゃないの？」という私のツッコミに、「実験は、別！」と楽しそうに答えていました。要は楽しかったら、わからなくても苦痛ではないということなのです。

普段の授業は面白くない。本当はすごく面白く、いい授業をしていても、子ども目線では面白くない授業として映り〝悪い勉強モード〟となって聴いているのかもしれません。ちなみに、最終的にその生徒は6年生の受験期には理科が得意科目になっていました。どうやら実験の効果は多少あったみたいです。

塾での理科の実験授業を例に出しましたが、子どもが**興味をそそる機会に触れる**なら何でもいいと思います。だからと言って、あわてて家族で海岸に散策に出かけたり、天体望遠鏡を購入するなど、**親が無理にお膳立てをしないでください**。あくまで興味を持たせるきっかけです。子どもの様子を見ながら、折を見て触れさせてはどうでしょうか。

男の子には爆発系、女の子には育て系の実験がオススメ

実験でも手軽にできるものと、そうでないものもあります。できるものであっても非常に危険を伴うものもあり、そこは保護者も必要になるでしょう。

たとえば、爆発系。男の子は大好きです。

ナトリウムの塊を池の中に投げ入れたらドカーンと爆発します。ナトリウムは水と接触すると激しく反応してそうなるのですが、ナトリウムなんて普通は手に入らないので安心です。しかし、今では簡単に手に入るもので、ちょっとした爆発実験ができますが危険を伴います。そんなときは、ＹｏｕＴｕｂｅなどで見て学ぶにとどめておきましょう。

危険でなく、かつ家庭でも簡単にできる面白い実験もあると、同僚の理科の先生もおっしゃっています。

スケルトン卵は簡単に家族でできる一例です。卵を酢に浸しておくと、白い卵の殻がなくなってプニョプニョの半透明の卵になるというものです。プニョプニョで、半

透明。想像するだけでも十分に面白そうです。

ちなみに私は、その実験はしていません。なぜなら、卵がもったいないから（笑）。子どもなら絶対「なんで？　なんで？」ってなりますよね。

卵の白い殻は炭酸カルシウムというものでできているので、カルシウムを溶かす力を持っている酸性の酢につけると溶けてしまうのです。ちなみに卵は割れないのですが、その理由は、薄い膜が卵を覆っているから。よく、ゆで卵を食べるときに殻を割ったら白い薄皮がある、あれです。

それともう一つ面白いのが、最初より卵のサイズが若干大きくなるということです。実は、卵がちょっとだけ酢を吸っているから。言われれば、確かに！って思いますが、面白いですね。また、光をあてると、中身の黄身が透けて見えます。

こんな感じで身の回りの現象、よくよく見てみると案外面白いものが多いということです。「これはどうだろ？」と思ったものがあれば、YouTubeで検索してみてください。バンバン出てきて、一気に理科にのめり込むかもしれませんよ。

理科の先生は、最後にこうおっしゃっています。**事前に現象を知っているかいないかで、授業の聴き方から当然、反応も違う**と。

机の上での勉強なら結論だけ求める子どもが多いのに、実験となると「なんで？」と理由を知りたがります。これこそが実験の醍醐味《だいごみ》。**現象の理由を探ることは、理科の勉強において重要**だからです。あらゆる現象に理由があるんだということを知っておくだけでも、他の現象においてもそれを探り、理解を深めていくはずです。

11 社会——「事前に歴史の全体像や大まかな地図を描けるか」がカギ

社会はテレビや歴史マンガ、世界地図などで好奇心や興味を持ちやすい教科です。しかし、小学校低学年までは興味を持って知りたがり、学びたがるのに、学年が進むと徐々にそうではなくなっていきます。

いつの間にか、あんなに好きだった社会がイヤになって、勉強しなくなっていくという子どもも多いのです。

「あんなに好きだった社会」がイヤになるわけ

大きな原因は、**「意味のない暗記をさせられている」**から。これは私が生徒たちと会話して実際に聞いた生の声です。

子どもの言い分を聞くと、暗記には、興味を持って自然に覚えていくものと、勉強で習ったものがあって、後者の暗記は意味がないというわけです。

勉強なので意味がないということはありません。しかし、生徒たちからすると、**求めていないものを覚えていくのは意味がない**と感じるわけです。

もう一つ、「させられている」という言葉にも注目してください。

これは社会に限った話ではありませんが、好きこそものの上手なれで、何度も述べてきていますが、自分から興味を持って積極的に学んでいく方が得意教科になるのは明らかです。

ですから、好きでなくなってしまうのは非常にもったいないことなのです。

歴史が大好きで、すごく研究熱心だった子が、学校や塾の勉強になるとイヤになって、いつの間にか歴史そのものが嫌いになってしまったケースもありました。歴史が好きだったことは、社会が得意になる大チャンスでもあったのです。

周りの大人、とくに親が、これからご紹介する「次への準備」をしていれば、社会という教科自体が好きになっていく可能性は十分にあるわけです。

好きな分野を「とことんさせる」ことが準備になる

次への準備とは、まず興味をすごく持っている分野があれば、とことんそれをさせることです。

偏った勉強はよくないと思われるかもしれませんが、逆です。

親はどうしても苦手な分野の方が気になって、「（その分野は、もういいから）他も勉強しなさい」と言ってしまいがちですが、そのひと言が理由で、すべてを放り投げかねません。

一度放り出されると、なかなか元に戻すのは大変です。たとえ聞いてくれたとしても、**イヤイヤやるなら能率は上がらない**でしょう。

好きなことができているのなら、そのうち他にも興味を示す可能性があります。また、好きなことができているから我慢して他のこともできる、というふうになるかもしれません。

とにかく、**興味を持っているものを取り上げない！**　ここがポイントです。

とことん好きな分野を究めさせることは、よい効果を生む場合が多いのです。

幼少期に地理でも歴史でも、何か一つ突出して興味を持っていたとしましょう。

初めはそれが勉強と捉えていない状態ですが、やがて学年が進んでいくにつれ、「これは社会という科目なんだ」と知り、地理または歴史という一分野から、社会という教科全体にも目を向けていくことができます。

初めは歴史がすごく好きだった歴史オタクのような子どもでも、その歴史という存在のおかげで他の地理や公民なども、スムーズに**得意教科の一員として迎え入れられる**というわけです。

バランスのとれた勉強をさせようと、好きな分野ばかりに勉強している子どもからそれを取り上げてしまうことは逆効果になる場合が多いのです。

興味のない子は「マンガやテレビで全体像をつかませる」ことが準備になる

反対に、社会に興味を示していない子どもの場合、いきなり暗記や問題から入るのではなく、全体を意識したストーリーや流れをつかませることです。細かいことにはとらわれず、ぼんやりとでいいので全体像が把握できるようにするといいでしょう。

教材はマンガでもテレビでもゲームでも、全体像をつかませることができるものなら何でも構いません。これなら家でできますし、子どもから見ても「勉強」という感覚を持たずにすみます。

ただし、「勉強のためにマンガやテレビを見せているのよ」と言ってしまうと台無しですから気をつけてください。

大まかなストーリーを知ると興味が出てくるようになり、次第に一つ一つを知ろうとします。

知っていくと、それぞれの「**つながり**」**をつかめるようになり、理解が深まってい**

くのです。全員が全員そうなるとは言いません。しかし、無理やり勉強させるのではなく、ストーリーを感じさせることが、勉強へのハードルを低くするのは言うまでもありません。

低学年から、地理・歴史・公民の順で勉強していきますが、子どもが一番苦手としているのが地理だそうです。そのため、初めに地理で苦手意識がついてしまうと、社会全体の苦手意識につながります。とくに中学受験をする場合、地理と歴史で7割から多い場合は8割も占めます。

地理は親子でパズルがオススメ

地理は地域ごとの特徴やデータを勉強しなければなりません。そのスタートとしてまずは、都道府県名が正確に言えるか、地図が正確に読めるか、にかかってきます。
関東人は、四国の正確な場所がわからない、鳥取と島根はどっちが右か左かなど。関西の人から見れば、埼玉と群馬はどこ？　栃木と茨城はどっちが上？　のように親もまともに言えないのです。昔に習ったことだから忘れたわ〜では、子どもに「ちゃ

ん と覚えなさい！」となかなか言えません。

そんなときは、子どもと一緒にパズルを使って覚えること。私の尊敬する社会の先生は、**「パズルなら、ゲーム感覚で親子でできるのでオススメです」**とおっしゃっていました。パズルは、書店や文具店でいろいろな種類のものが500円〜3000円くらいで売られています。**都道府県名だけでなく、その地域の形、隣接する県も同時に覚えられるのもパズルならでは**だそうです。学年が進めば、パズルを卒業して白地図に書き込む作業も有効です。

歴史はマンガで「時代の流れ」をつかんでおく

次に歴史ですが、これは一番王道です。「マンガで学ぶのが一番早い」と社会の先生はおっしゃっています。

歴史マンガは私も子ども時代によく読みましたが、確かに時代の流れがよくわかり、授業より頭に残っている場合も多くありました。

初めは、細かい年代や人名はぼんやりでもＯＫ。**とにかく流れをつかんでいると、背景がわかる分、暗記もしやすい**ということです。

ちなみに歴史マンガは『日本の歴史』というシリーズ物になっていて、次のように小学館・集英社・学研・角川と様々な出版社から出ていますので、書店でお子さんに見比べさせて、読みやすそうなものを選ぶといいでしょう。

小学館・全23巻（一番有名な定番のロングセラー）
集英社・全20巻（2016年10月に全面改訂予定）
学研・全13巻
角川・全15巻（最近出版されベストセラーに。従来のサイズより一回り小さくソフトカバーに）

ただ先生いわく、「歴史の流れがわかっていても、テストで必ずしもいい点が取れるとは限らない」そうです。理由は、歴史はとにかく漢字が多く、わかっていても漢字間違いが非常に多いから。**人名・時代・事変（そのとき何が起こったか）を漢字で正確に書けるようにしておきましょう。**

そのほか、NHKの大河ドラマのような番組できっかけをつくるパターンもアリです。ただし、ドラマはすべての時代を網羅していないことも多いので、あくまで「きっかけとしてはいい」ということになるかもしれません。

公民の勉強のために「新聞読め！」は逆効果

最後に公民ですが、地理や歴史ほど深く勉強しないで、案外勉強しやすいところです。中学入試でも、あまり突っ込んだ出題は多くはないので、比較的子どもたちは点が取りやすいようです。好きや嫌いやと言っても、そこまで差がつかない分野とも言えます。学校や塾の授業以外なら、池上彰さんの番組や子ども向けニュースを見るのがとっつきやすいのではないでしょうか。

間違っても、ただでさえ苦手な子どもに、「新聞、読め！」は逆効果です。

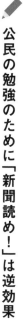

第4章

小学校入学前から低学年までに家庭で準備できること

集中力、想像力、時間管理力…
将来の学力のための下地づくり

1「先取り学習」は危険

「まだ小学2年生なのに、小学4年生の問題が解ける」

「低学年で、もう〝つるかめ算〟や〝旅人算〟ができる」

そう聞くと、「すごい！」と感心したり、「それに比べて、うちの子は……」と思われるかもしれませんが、将来の学力を考えれば、今うらやましいと思う必要はまったくありません。

いずれきちんと学習する予定のものを、まだ学習の意味がよくわかっていない幼い時期にさせてしまうことは、非常に危険なことなのです。

子どもの成長に「発達段階」があるように、学力にも年齢に応じた「段階」があります。

勉強の基礎である読みや書きなどが十分にできていない時期に、もっと踏み込んだ学習は子どもも親もしんどくさせます。

低学年から「受験準備」をスタートするな

最近は小学1、2年生から受験塾に通う子どもが増えてきましたが、低学年から通塾して、小学5、6年生の時期に成績がアップしている子は少数派。ひどい例では、授業で2分前に言ったことすら覚えていなかったりと、「塾に遊びに来ているの？」と言いたくなる子も多いのです。塾側としては長い間高額な授業料を払ってくれる「いいお客さん」になってしまっています。

なぜ、低学年から「勉強の先取り」をすると、成績が低迷するのでしょうか。

それは、まだ自分から勉強する姿勢や「下地」ができていないうちに、親がガミガミ言って、半ば無理やり勉強「させる」「させられる」習慣がついてしまいがちだからです。

また、低学年から「受験準備」をスタートすると、親は悪い方向にヒートアップしがちです。まだ先は長いのに、その時点の成績に一喜一憂し、他の子の成績と比べたりします。これも後で述べるように、子どもの学力の伸びにマイナスに働きます。

お子さんが勉強好きで、自分から「もっと新しいことを学びたい」「どんどん難しいことにチャレンジをして吸収したい」と親が言わなくても勉強する下地ができている子どもなら話は別です。

そんな「基礎学力」があるお子さんなら先取りは有効かもしれませんが、ほとんどの場合、期待するほどの効果がないばかりか、時間もお金も無駄にし、将来の子どもの教育に悪影響を与えかねないのです。

他の子と「進度」を比べないでください

そもそもなぜ、今どきの親は先取り学習をさせたがるのでしょうか。

私が多くのお母さんたちから聞いてきた意見の多くは、

「他の子より少しでも前に進んでおきたいから」

「他の子より余裕を持って授業についていけるようにしたいから」

「周りの子がそこ（先取りの授業をしている塾など）に通っているから」

などです。

これらには共通点がありますね。それは自分の子どものことなのに、周りの子たちを意識しすぎているということです。

厳しいことを言うようですが、結局のところ、子どものことを考えていると言いながら、狭い世界での〝親同士の戦い〟になってしまっているのです。

他の子が気にならないと言ったら嘘になるでしょうが、学年や年齢が同じだけで単純に比較してしまうことはやめておくべきです。

同じことをさせても、お子さんが他の子と同じようにできるかどうかはわかりません。逆に他の子よりもっとできるかもしれません。どちらにしても、同じ結果にならない可能性が高いでしょう。

先取りが有効なのは、勉強する〝下地〟ができている子

それぞれの家庭環境や考え方が違うように、そこで育った子どもたちもみんな少しずつ基礎学力が違います。

基礎学力とは、読み書きや計算レベルだけのことを指しているのではありません。

たとえば、自分で考えるクセのついている子とそうでない子では、同じ教室にいて

もものの捉え方から違ってきます。その違いを感じた多くの親は「うちの子は、どうしてこんなにもできないのか」と嘆き、子どもを責めたり、自分を責めたりします。

でも、自分で考えられる下地がある子とそうでない子では、スタートラインが違うのですから、途中の通過地点もスピードも違って当然なわけです。無用な比較をしてしまう前に、子どもの現時点の基礎学力を親は冷静に把握しておくことが必要なのです。

先取り学習をしてうまくいっている子どもは、こうした基礎学力がしっかり備わっているのです。

通常より早い時期に学習しても、十分に吸収できる下地がある。そんな子どもたちにとっては、先取りという意識はないかもしれません。先取りにしんどさを感じないなら問題ありません。

しかし、「先取り学習」という一種の予習は、前に述べたように、いつか習うものをあらかじめ勉強するものです。言い換えれば、二重に勉強することになります。

問題なのは、その時期です。

幼児期や小学低学年というのは、子どもたちが好奇心いっぱいで、すごいスピードで成長できる時期です。その頭も自由に発育できるときに、興味のない詰め込みの勉強をさせることは非常にもったいないということになります。

興味を持たせれば、9割は成功なのです。あわてず〝その時期〟を待つ方がいいに決まっています。

小学校1年や2年のことが段階を経て学べていない子どもに、3年や4年のことをさせることに本当に意味があるのかどうか……。

先取り学習を考えておられるご家庭は、自分の子どもにとって、果たして今、それが本当に意味があり、また必要なのかどうか再度検討し直してみるべきです。

学力向上には、それぞれの子どもの適切なタイミングで段階を経る必要があるのです。

2 結果は二の次！　親は過程を「ほめる」のではなく「認める」習慣を

私が受験指導をしていく中で、非常に心を痛め、気になっている問題があります。

それは、ズバリ「カンニング」です。

そこでいい点をとっても成績を上げても、何の意味もありません。

また、小学生の子どものことですから、出来心で「つい見ちゃった」のならわかるのですが、何度注意してもやめない常習犯がいました（カンニングは本人が〝先生の目を盗んでやったからバレていない〟と思っても、答案を見れば一発でわかるものです）。


〝カンニング常習〟の生徒たちには、親に共通点がありました。教育熱心で、ひと言で言えば「非常に成績にこだわる親」だったのです。

カンニングしてまで成績を上げようとする理由

先ほど低学年からの受験準備で成績に一喜一憂する危険性について指摘しましたが、親が教育に熱を入れるあまり、塾の成績にこだわった結果がこれです。

「家で復習したのに、なぜ、こんなひどい点なの？」

「○位に落ちちゃったから、もっと勉強しなきゃ」

なかには、「うちは成績が上がってクラスが上がるとお小遣いも上げてくれるけど、下がるとお小遣いをもらえなくなるんだ」と話す生徒もいました。

世の親は、どうしても結果を求めてしまいます。子どもを奮起させようと、お小遣いなどのアメやムチを使う気持ちもわかります。

しかし、そのために子どもがカンニングしてまで成績を上げようとしていたとしたら……。

そこまで追いつめないにしろ、子どもに期待をするのなら、結果だけでなく、その過程もしっかり見てあげてほしいなあと思います。

過剰な「ほめ」は、ただの甘やかし

結果ではなく、過程を見てあげる上で気をつけたいのは、「すごい」「よくできた」「エライ」と、ただほめればいいというわけではないということです。

昨今は「ほめて育てる」風潮がありますが、それが誤解されて、ただの甘やかしになっているだけのものも多く見受けられます。

まだ幼児や小学校低学年のうちはいいですが、高学年になると、子どもはいつまでも甘やかす親のことなんて、だんだんバカにしてきます。

すると、どうなるでしょうか。

甘やかす親は子どもになめられてしまい、わがままにしてしまうので、いつの間にか子どもは親の言うことを聞かなくなります。

それに我慢できなくなった親はきつく怒り、子どもは反発して手に負えなくなってしまう——子どもが言うことを聞かないと嘆いているほとんどが、こんなパターンです。

子どもは未熟な部分もたくさんありますが、大人が思っている以上に大人を観察しています。いかに必要以上の甘やかしが、逆効果を生んでいるかがわかります。


同じことは、家庭外でもいえます。

今までいくつかの進学塾で指導してきた中で、ライバル塾より生徒数は多いのに実績がまったく振るわないという塾がありました。

そこは、私から見ると、生徒を甘やかしすぎ、ほめすぎるところでした。生徒に嫌われないようにするマニュアルのようなものがあったり、職員も、親からのクレームを恐れて、なるべく子どもに好かれようと下の名前をチャンづけで呼んだり……。

宿題や物を忘れてくる生徒にも注意すらできず、時にはテストの問題や答えを教えた挙句にほめまくる（さすがにここまでくると、ちょっとおかしいですが）。理由は「厳しく接して塾をやめられると、会社（塾）での自分たちの評価が悪くなるから」という一点だったのです。

結果は生徒に好かれるどころか、陰で「キモッ」「向こう行ってくれよ」とか、「また媚《こび》売りに来よった」と言われ、完全に見透かされていました。つまり、その塾の職員たちは完全に生徒になめられてしまっていたのです。

来ている生徒の質が低くなくても、そういった指導やしつけをし続けている以上、生徒の学力の向上につながるわけがなかったのです。

そうなると、やはり粒の揃った生徒はやめていき、母集団も徐々に低くなっていったのもうなずけます。

私は生徒を「子ども扱い」せず、いつも厳しめに接していましたので、逆に他の職員たちより信頼されていました。そうでないと、先ほどの暴言を私の前で聞かせませんから（笑）。

生徒たちは、必要以上に**子ども扱いされるとイヤがります**。とくに、女の子に空気も読まず「～ちゃん」とすり寄っていけば、もうその瞬間から、その大人はその子の世界から永久追放です。

さすがに親子の間柄ではそこまでにはなりませんが、先ほど述べたように、親でも子どもを甘やかしすぎるとなめられてしまい、言うことを聞かせるのは難しくなっていきます。

ほめまくって「ほめられるのが当たり前」になってしまうと、やる気にも悪影響。せっかくの子どもの成長を止める原因になります。

子ども扱いはNG！「成長を見ているよ」というメッセージが子どもの心に響く

子どもが何かチャレンジしたら、ほめるより、静かに見守ってやること。どこか親に気にしておいてほしいところがありますから、しっかり「見ているよ」というメッセージを伝えると子どもはうれしいのです。

たとえ、親から見て満足のいかない結果であっても、その時点での〝成長〟として認めてあげてほしいと思います。

たとえば、私が子どものノートチェックをする際は、むやみにはほめません。よかった点があれば「～なところがよかった」と具体的に書いてあげます。

単純に、「すごい」「よくできた」「エライ」なんて言葉はほとんど書きません。子どもには、まったくと言っていいほど響かないからです。

子どもを**「認める」と「ほめる」の大きな違いは、具体的に言ってあげること！よく観察していないと具体的なこと、言えません**からね。そこが子どもに響くポイントかなと思います。

どんなにいっぱい長々とほめ言葉を並べても、綺麗事を言っていると、子どもたちに見透かされてしまいます。

少ない言葉でいいので、大人からの意見を投げてあげるだけで十分なのです。

3 忘れ物をしないクセをつける

前に、ノートの話のところで、忘れ物の多さと成績の関係について少し触れましたが、以前より忘れ物をする子どもが増えてきたと感じています。

持ってくる物や宿題などの〝忘れ方〟にも違和感を覚えます。
それは、忘れ物をしてくることに悪いという感覚を持っていないこと。「忘れ物はしてはいけないんだ」という意識がないから、「しまった！」とか「忘れちゃった、どうしよう」という焦りのようなものがないのです。

忘れ物をしないためには、先のことを考える想像力が必要

「さあ、これから授業だ」というときに、「先生、テキスト忘れました」「ノート忘れました」「ノートがもうすぐなくなりそうです」「宿題、忘れました」「カバンの中見たら、筆箱なかったです」……挙げだすとキリがありませんが、相対的に成績別のクラスが下位になればなるほど、その数が多くなります。

忘れ物をする子が成績やクラスが下位になるほど多いというのは、意地悪な見方をすると、「頭が悪いから、すぐ忘れてしまうんじゃないの？」と思われる人もいるかもしれませんが、決してそうではありません。

忘れ物が多い子は、先のことを考える想像力が足りないだけなのです。

想像力という点では、たとえば算数の問題で〝ありえへん答え〟を書く生徒がまさにこのタイプです。

りんごの個数を求める問題に小数で答えたり、車の速度を時速280㎞と言ったり、お母さんの年齢を求める問題の解答が97歳だったり……。ある程度の常識やイメージを持った上での先読みや想像力が欠けているといえます。

忘れ物に関しても同じで、**その物事に何が必要で、いつ、どのような準備をしておかないといけないのか**という考えが浅いのです。

「いったい、そこに自分は何をしに来ているのか？」。その意識が薄いなと思います。

よく忘れ物をする生徒に私は「ここに何をしに来ているのか」と静かに問います。そのとき、ただ聞くだけでは聞き流されて終わってしまいますから、きっちり本人の返事を待ちます。**目的意識と想像力の不足が原因なので、本人に目的を意識づけ、気をつけて行動するよう働きかければいいだけ。**叱る必要はありません。

偉そうに高圧的にならないよう心がけ、**「一緒に忘れ物病をなおそう！」という空**

上がるのです。

気にしてあげると、しっかり聞いてくれますし、次に活かしてくれる可能性もグンと

　ところが、忘れ物の多い生徒の親と話していると、たかが忘れ物とまで言いませんが、事態をあまり重く受け止めておらず、自分の子どもに対しての危機感を持っていない気がします。

「放っておけば、そのうち直るのでは？」「忘れたら、いつも届けているのですが……」とおっしゃる人もいます。子どもにうるさく言うのに疲れている、我々講師に忘れ物の指導を任せる、子どもに嫌われるのがイヤだから注意できない、など困った人もいます。

　子どもは、そんな親の姿をよく見ています。いいことも悪いこともうつっていきます。子どもの行動は親次第。親のあり方が、子どもに表れます。

　目の前の子どもをよく見て、放任でもなく過保護でもない子育てをしていってほしいと思います。

「忘れ物グセ」を直したら、クラスの落ちこぼれがトップになった

「忘れ物グセ」を直すには、学校にも塾にも行く目的を確認させ、それには何が必要かを自分で毎回考え、確認させること。

これは習慣ですから最初は大変ですが、毎日歯磨きをするように、「やるのが当たり前のこと」になるまでの辛抱です。

習慣にできれば、最強！

「たかが忘れ物」と感じるかもしれませんが、少し先のことを考えるというちょっとしたクセをつけるだけで、勉強面でもかなり変化が出てくるのです。

実際、私の生徒で、親の手を借りず、自分で毎日、学校と塾に行く前に、何のために行っているのかを考えてから持ち物の確認をすることを習慣化した結果、クラスでも落ちこぼれていた生徒が、半年後にはトップに躍り出ていたという例があります。

とくに算数では驚異的な伸びを見せていました。

それもそのはずで、勉強を今までは言われないとしなかったのに、自分からしだしたのです。

さらに、問題にあたるとき、一つ一つ深く考えるようになっていきました。**先のゴール（答え）にたどり着くためのプロセスを、自分から、そして自分なりに考えることが習慣になっていたからです。**

これは「想像力が備わった」ということになります。

想像力を働かせるには、考えることが不可欠。それを習慣化させれば、もう怖いものなしです。

そうすると、次第に算数の問題一つ一つを考えることだけでなく、算数という科目全体を見渡すことができるようになっていきます。

横並びの単元のつながりに自分で気づき、学習効率を上げていけるようになったというわけです。もちろん、これは算数だけではなく、他の科目にも当然言えること。

ただ「忘れ物をしないように」の言葉だけを言い続けているのでは、忘れ物はなくなるかもしれませんが、ここまでの成果は出ないでしょう。おそらく、その一言だけでは忘れ物自体もなくならないはずです。

「忘れ物をしないように」は、ただの注意・命令と子どもは受け取ります。

子ども自身に考えさせるように、目的意識にアプローチしたほうがずっと近道です。

さらに想像力もついてきて学習能力がアップします。

その際、「くどくならないように短く」「子どもに考えさせる間を与えて」がポイントです。

4 ダラダラ行動しない習慣で「時間のケジメ」をつける

食事の時間にダラダラ食べたり、放っておくとテレビをいつまでも見てしまい、勉強の時間になってもなかなか取りかからない子どもに、「いくら言っても、言うことを聞かない、直らない」と嘆いている親がたくさんいます。

こうした親のイライラが募ると、最終的には、子どもとバトルになるのです。

あらかじめ食事もテレビもゲームも時間を決めていても、まず子どもは守りません。

楽しいことが優先されますから、お箸《はし》の動きが止まります。テレビやゲームの方が面白いに決まっていますから、都合よくお母さんの声が耳に届きません。では、どうすればいいのか？

子どもより前に、親が時間のケジメをつける

それは**幼児や低学年のうちなら簡単**で、決めていた約束の時間が来たら、たとえ食事が終わっていなくても皿を引き上げればいいのです。

いくら文句を言っても、**親が「時間のケジメ」をつけるのです。**

よく「うちの子は時間のけじめがつけられなくて……」という嘆きを聞きますが、それは親が子どもに合わせてケジメをつけていないことにほかなりません。

「いつまで食べているの？　早く食べてしまいなさい」と言っても、まず直りません。前にも述べましたが、親のあり方によって、子どもの行いも次第に変わっていくのです。

テレビやゲームも同じです。

初めに決めておいた時間が来てもまだダラダラしていたら、容赦なく電源を切って

「はい、約束の時間が来たから終わり」でいいのです。

それで泣こうがわめこうが、絶対に応じてはいけません。初めは大変でしょうが、次第に親のケジメについてくるはずです。

かわいそうと思うのは大間違いです。このままいくと、将来もっとかわいそうなことになってしまうかもしれませんよ。

親のイライラはなくなりますし、あとは子どもにケジメがつくのを待つのみです。**子どもより親がケジメをつけさせる覚悟が必要。**甘いことを言っていれば、いつまで経っても直りませんし、後になればなるほど、そのしつけはしんどくなっていきます。

問題は、ある程度まで学年が進んだ小学3年生頃からです。先ほどのように〝ケジメ〟として、一方的な厳しさで接すると、難しいケースも出てきます。

子どもはいい意味でも悪い意味でも年々成長していきますので、親の思い通りにはいかなくなっていきます。反抗期になると、もっと難しいでしょう。問答無用の厳しいしつけで、激しい反発やひどい親子関係の崩れとなって、教育どころではなくなるのだけは避けたいですね。

親子のコミュニケーションを密に

親から自立する過程で、反抗期は訪れます。では、どうやって、それをうまく乗り切るのか？

それには、一にも二にも親子のコミュニケーション。意識的に普段から会話の時間を持つこと。親の接し方や言葉のかけ方でコミュニケーションも変わっていき、子どもも次第に変わってくるはずです。

もちろん、その変化のスピードは子どもによって違いますから、そこでイラついてはいけません。

コミュニケーションのとれる子どもは、やはり賢い子に多いのです。コミュニケーションをとるのは一人ではできないことですから、相手のことも考え、気遣いもできます。そのへんの大人より、ずーっと偉く見えますよ。自分の考えも上手に伝えることができます。

親子のコミュニケーションは日々の積み重ね。子どもがダラダラと時間を過ごすのをどうにかしたくても、今日・明日でなんとかできる話ではありません。

いろんな会話を積み重ねる中で、「ダラダラと時間を過ごしているのは時間がもったいない。理由はね……」という感じで話していくといいでしょう。

ここで重要なのは、必ず子どもの意見をきっちり聞くこと。たとえ間違っていようが、子どもに自分の意見や考えを自分の口で言わせることです。

親の意見の押し付けではなく、子どもの意見や気持ちを聞く。押し付けではどうしても親子の信頼関係が損なわれてしまい、心を閉ざす原因になってしまいます。

私から見ると、今の親や先生は、子どもより話しすぎます。そのため、子どもは「自分の意見は聞いてもらえないのか」と錯覚してしまうのです。聞くほうが多くなると、また思考が停止してしまいます。それが続くと、言われるがままの、考えない無気力な子どもになってしまうかもしれません。

もっと親からコミュニケーション、そしてもっと聞くことを重視することを心がけてほしいと思います。

5 我慢を覚えさせる

先にも述べましたが、最近はあまり親が子どもを叱らないばかりか、子どもの機嫌をとりすぎる親が増えている気がします。

ひと昔前なら、子どもが公共の場で大騒ぎしていたら周りの大人が「こらっ！」と叱ってくれたりして、社会全体が子どもを教育する空気がありました。

しかし、今は電車やレストランなど公共の場で子どもが騒いでいても、注意すらせず、周りに迷惑になっていても放ったらかしにしている人が多くなってきています。

「我慢できる子」は習得度が違う

本気で子どもを教育したいなら、時には「我慢させる」ことも必要です。

電車の中で大騒ぎしたいのを我慢させる、コンビニやレストランで走り回りたいのを我慢させる、欲しいおもちゃを我慢させる……。多くの子どもを見てきて、我慢のできる子どもは、そうでない子どもより明らかに習得度が違うと感じます。

我慢できる子とそうでない子では、将来にも大きな影響があるということを示した面白い実験があります。アメリカの心理学者ウォルター・ミシェル博士が行った「マシュマロ・テスト」という有名な実験です。

4歳の子どもたちを好きなマシュマロが置いてある部屋に来させて、「すぐ食べてもいいけど、15分待つことができれば、もう一つあげる」。続けて、「途中で食べてもいいけど、そのときはもう一つはないよ」と言って部屋から出て、何人の子どもが最後まで我慢できるかという実験です。

ほとんどの子どもは初めは待つことを選ぶようなのですが、実際に待つことができた時間は、平均して約2分間だったのです。結局、最後まで15分間我慢し続けることができた子どもは、全体の3人または4人に1人程度だったのです。

この実験には興味深い追跡調査があります。彼らの12年後の日常生活を調べていくと、すぐマシュマロを食べたり、1分以内に食べた子どもは、学校でも家庭内でも問題を抱えているケースが多くあったのです。とくに、肥満の割合が多い・コミュニケーション能力が低い・犯罪に手を染めやすい確率が高いという傾向がはっきり出たといいます。

我慢ができた子どもは、ただ我慢強いということなのではなく、少しでも対象から注意をそらす努力をしていたのです。手で目を覆ったり、匂いを嗅がないように鼻をつまんだり、なかには歌を歌って気をそらす子もいました。つまり、自分をコントロールすることが上手だったわけです。客観的に物事を見て、どう対処すればいいのかを考える能力に優れていたのでしょう。

ミシェル博士は、幼児期においてはＩＱより、**自制心の強さ**の方が将来の学業にはるかに大きな影響をもたらすと結論付けています。つまり、我慢できる子と我慢できない子とでは、将来に大きな差を生むのです。

「頑張って！」はやる気にならない無駄な言葉

では、「我慢する」「あきらめないでやり続ける」心は、叱咤《しった》激励すれば育つのでしょうか。みなさんは、子どもに何かを我慢してほしいとき、あきらめないでやり続けてほしいとき、普段、どんな言葉をかけていますか？

つい「頑張れ」「頑張って！」と言ってしまっていませんか。子どもに何かをさせたいとき、やる気にしたいとき、二言目には「頑張って！」と言っているお母さんが多いです。使いやすい言葉ではありますが、他にかける言葉を考えていきましょう。

もちろん頑張ってほしい、応援したいときに「頑張って！」と言うならわかります。しかし、突き放すかのようにポンと背中を叩いて、「はい、頑張ってね！」と言っている光景を今までどれだけ見てきたかわかりません。いかにもおざなりに言っている印象です。


子どもの中には言ってほしい子もいると思いますが、多くの子どもたちはそれを言われていても、ほとんど耳に入っていないように見えて仕方ありません。

なかには、「言われんでも頑張ってるわ」とイヤがって振り払うようにしている子どももいます。

塾の先生たちも「頑張ってね」とよく言っています。誤解を恐れずに言いますが、先生たちは無責任に、ただの挨拶のように言っている場合も多いのです。

その証拠に、すでに頑張っている子にも、まったくやる気のない子にも同じように言っていますからね。私が生徒なら、「お前が頑張れ！」って思いますよ。

挨拶のように「頑張って！」と言っている先生は、仕事としての面も多分にありますから、ある意味仕方ありません。

でも、親がこれでは困ります。子どもたちは、無味乾燥な「頑張れ！」という言葉には、そろそろ飽きています。

子どもに頑張ってほしいなあと思ったら、ちょっとした子どもの変化に気づいたところで声をかけてあげればいいんです。

親だからこそ、他人には気づけないところがあるはず。普段から子どもの観察を怠らないで、時には厳しく、時には温かく見守ってあげれば、いつか子どもは期待に応えてくれるはずです。

やる気になってほしいけれど、子ども自身に何の変化もなく、かける言葉に困ったときは、私の場合、

「最近、なんかやる気になってきたんちゃうん？」とか、「最近、いい感じやで」と

反則技を使います。

とくに変わっていなくても傍《はた》から「よくなってない？」と言われると気分よくなりませんか？

子どもの場合、そう言われてしまうと、騙されたように〝その気になって頑張ってしまう〟場合もあります。もちろん、子どもによってうまくいかないときもありますので、声かけも日々、試行錯誤です。

以上、申し上げてきたことは、一般にはしつけに関することで直接的には学習面と関係ない部分もありますが、**勉強は「下地」が大事**。これまで述べてきたような、低学年までに培った基礎的な能力がすべて将来の学力の「下準備」になると確信しています。

おわりに

「こんな成績とってどうするの？　なんでこの問題できないの？　何回もやったでしょ？　○○中学に行けないわよ！　医者になれないわよ!!」

ファストフード店で、テストの成績表片手に、子どもに向かって激高するお母さん。いかにも、普段からガチガチに勉強させられているんだろう。

その子は萎縮《いしゅく》してしまい、目に力はなく、完全に学びの自由を奪われているようでした。

子どもに勉強させようとする多くの親は、一つ一つの失敗を許さず、まるで我が子を「見かけだけのA級作品」に作り上げようと必死なように感じます。

私は多くの生徒を見てきて、本当に怖がってビビりながら勉強している子がいるのを肌で感じています。

もし、本気で子どもを「中身の伴った本物のA級人間」にしたいのなら、本気で子どもの成長の土台を築いてやることが必要です!!

あまりに周りを意識しすぎて、安易に子どもを押さえつけている間は、無責任なヤスモノの先生と変わりません。

子どもが100人いると、教育には100通りのアプローチがあります。決してワンパターンの型にはめた教育はできない。しかし、それを学校や塾に任せるのは難しいのです。やはり、親からの指導や働きかけが、少なからず子どもの学習の基盤を作り、成長に影響していくことは否めません。


ファストフード店でお母さんから怒られていたあの子は、これからもガンガン勉強させられて、もしかすると、モラルのない医者にでもさせられるのだろうか?

それとも、地に足をつけた自分の選んだ人生を歩んでいくのだろうか……⁇

この執筆が終わったとき、「あのときのお母さんにぜひ読んでほしいなぁ」と、ふと思いました。

この本で、一人でも多くのお子さんが、成長できるキッカケを見つけていく手助けになれば幸いです。

今回の出版は、私一人では到底できないものでした。最後に、この場をお借りして、お礼を申し上げたいと思います。

教育本があふれかえる中で、出版という素晴らしい機会を与えてくださった青春出版社の皆様。とくに、担当してくださった野島純子さんには、この本の企画や構想段階から多くのアドバイスとお時間をいただきました。本当に心から感謝しています。

また、授業以外の場所でも私の考えを表現できるチャンスをくださった松尾昭仁さん、貴重なアドバイスをくださった中埜光雄先生と岡崎崇先生、さらに私の守備範囲では及ばないご意見をくださった浜学園時代の先生方、本当にありがとうございます。

皆様のおかげで、じっくりと自分を見つめることができ、私の講師としての幅が一段と広がったように思います。

そして、今まで私の授業を受けてくれた多くの生徒たちにも感謝です。今、講師としての自分があるのは、多くの支持をしてくれた生徒たちのおかげです。それがなければ、とっくの昔にこの仕事を辞めていたからです。ありがとう。

最後まで読んでいただき、ありがとうございました。

州崎　真弘

購入者無料特典

『たった5分の「前準備」で子どもの学力はぐんぐん伸びる！』
をご購入いただき、ありがとうございます。
読者様だけに、期間限定の無料特典をプレゼントいたします。

中学受験を目指しているお子様をお持ちのお母様・お父様方、
お子様を中学受験させようか迷われているお母様・お父様方対象の
勉強法、成績判断、塾での悩みなどの無料電話コンサルティングを
いたします。
他では聞けない本音でアドバイスをさせていただきます。

下記までアクセスしていただきまして、ご登録ください。

http://www.jukenlab.com

著者紹介

州崎真弘　中学受験算数講師、受験ディレクター、受験Lab代表。

1975年、大阪府生まれ。学生時代からプロ算数講師として活躍し、灘中合格者数連続日本一の実績を誇る「浜学園」では、史上最速の1週間で講師に昇格。初年度から本部教室の最高レベル特訓の担当に抜擢される。着任後最初の授業アンケートでNo.1(生徒支持率100%)を獲得。常にトップクラスのアンケート支持率を得る。その後、移籍した馬渕教室でも講師の中で支持率トップをキープ。20年間で指導した生徒は2800名を超え、灘中をはじめとする多くの難関中学に合格させている。

本書では、勉強効率が劇的にアップする「5分準備メソッド」を初めて公開した。

受験Lab　http://jukenlab.com/

たった5分《ふん》の「前準備《まえじゅんび》」で子《こ》どもの学力《がくりょく》はぐんぐん伸《の》びる!

2016年11月5日　第1刷
2017年6月15日　第3刷

著　　者　州《す》崎《ざき》真《まさ》弘《ひろ》
発 行 者　小澤源太郎

責任編集　株式会社 プライム涌光
電話　編集部　03(3203)2850

発 行 所　株式会社 青春出版社
東京都新宿区若松町12番1号 〒162-0056
振替番号　00190-7-98602
電話　営業部　03(3207)1916

印　刷　共同印刷　　製　本　大口製本

万一、落丁、乱丁がありました節は、お取りかえします。

ISBN978-4-413-23014-8 C0037